Marina Zwetajewa
Briefe an Ariadna Berg

Marina Zwetajewa

Briefe an Ariadna Berg

Aus dem Russischen
von
Bettina Eberspächer
*
Herausgegeben
von
Siegfried Heinrichs

Oberbaum

Erstveröffentlichung

*

Oberbaum Verlag GmbH
Friedelstraße 6
D-12407 Berlin
Telefon: 030/6246921
*

Schutzumschlag unter Verwendung
einer Grafik von Jiri Anderle

*

Satz: Oberbaum Verlag
Druck: Druckhaus Galrev

ISBN: 3-928254-25-1

Briefe an Ariadna Berg

Marina Zwetajewa
Briefe an Ariadna Berg
(1934-1939)

Vorwort des Herausgebers

Marina Zwetajewa, eine große Lyrikerin und äußerst subtile Prosaistin, geht in die russische Literatur auch als die wohl markanteste Vertreterin des epistolarischen Genres ein. Jede beliebige Aufzeichnung, auch wenn sie manchmal inhaltlich belanglos ist (etwa die Absage eines verabredeten Wiedersehens), trägt den Stempel des künstlerischen Umgangs mit dem Wort – von den langen Briefen ganz zu schweigen, die sich als echte Kunstwerke präsentieren, und das nicht nur auf sprachlicher Ebene.*

Die dem Leser vorliegenden 74 französischen und russischen Briefe Marina Zwetajewas an Ariadna Berg [die ersten neun Briefe sind in französischer Sprache geschrieben – B. E.], die sogar Zwetajewa-Forschern bis heute unbekannt sind, präsentieren einen neuen Adressaten, vervollständigen wesentlich unsere Kenntnisse über Zwetajewas letzte fünf Jahre, die dramatischsten und einsamsten ihres Emigrantendaseins, und legen neue Schichten ihrer seelischen und geistigen Welt frei.

* In den an axiomatischen Aphorismen reichen Briefen und Prosatexten erscheint Marina Zwetajewa als „Moralist“ in dem Sinne, in dem dieser Begriff in der Literatur des 18. Jh. verstanden wurde.

Ihre Briefpartnerin, Ariadna Emiljewna Wolters, wurde 1899 in Orjol geboren. Mütterlicherseits russischer Herkunft, von der Seite des Vaters, eines Ingenieurs, der nach Rußland gekommen war, um die ersten Straßenbahnen zu bauen, Belgierin, absolvierte Ariadna das Gymnasium in Zarskoje Selo, wo sie, wie eine Familienlegende berichtet, Gelegenheit bekam, in einem Haus „der Achmatowa selbst“ Tee zu servieren...

Die Revolution trieb die ganze Familie, die außer den Eltern aus einer älteren Schwester und zwei Brüdern bestand, zurück in den Westen – über Wladiwostok, Japan, die USA nach Frankreich. Hier heiratete Ariadna 1920 den aus Riga stammenden, elf Jahre älteren ausgebildeten Juristen Nikolaj Berg. Nachdem er in der Emigration Journalist beim Völkerbund geworden war, befand sich Nikolaj Berg ständig auf Reisen. Das Ehepaar Berg hatte drei Töchter: Marie-Henriette (Butja), Wera und Jelena (Ljulja).

Ariadna Berg lernte Marina Zwetajewa Ende 1934 kennen, wahrscheinlich bei gemeinsamen Bekannten – dem Komponisten Hartman, oder auch bei irgendeinem Autorenabend. Der Grund für die Bekanntschaft war literarischer Natur. Ariadna, die selbst Gedichte in französischer Sprache schrieb, interessierte sich für die Autorenübersetzung von Zwetajewas Poem *Molodez* (Der Recke), und da sie anscheinend irgendwelche Verbindungen zu Verlagen hatte, schlug sie ihr vor, sie beim Druck zu unterstützen. Der Briefwechsel wurde in französischer Sprache begonnen, ging jedoch bald zum Russischen über, und erste Begegnungen stärkten die dauerhafte Freundschaft „ohne Vorbehalte“. Für Ariadna Berg war die Begegnung mit der Zwetajewa wohl das bedeutsamste Ereignis in ihrem komplizierten und auf seine Art nicht leichten Leben. Im April 1938 schrieb sie an die Zwetajewa: „Ich möchte Ihnen danken dafür, daß Sie Sie sind, und daß in meinem Leben dieses Wunder geschehen ist – die Begegnung mit Ihnen... Ich werde immer an Sie denken wie an eine wunderbare Gottesgabe an mich..."

Marina Zwetajewa fand in Ariadna Berg einen verständnisvollen und literarischen Fragen aufgeschlossenen Menschen (sie tauschten gegenseitig Bücher aus, Marina analysierte die französischen Gedichte Ariadnas und ermunterte sie zum Schreiben), und sie spürte einige Gemeinsamkeiten in Charakter („wir sind von einer Gattung") und Schicksal: die Gebundenheit an die Kinder – „Tiere in Gefangenschaft" –, die schicksalshafte Unvollendetheit des persönlichen Lebens und das organische Unbefriedigtsein. Fast gleichzeitig brach über beide das Elend herein: in demselben unheilvollen Jahr 1937 sterben Ariadna Bergs Mann (im Januar) und ihre ältere talentierte Tochter Butja (im Oktober). Zur selben Zeit, im Oktober, wird Marina Zwetajewa von den „Ereignissen zerschlagen": die Beteiligung ihres Mannes am Mord an dem Nichtheimkehrer Ignaz Reiss wird entlarvt und seine Flucht in die UdSSR unumgänglich...

Verwitwet, verläßt Ariadna Berg den Vorort von Paris und übersiedelt nach Belgien, in die Nähe ihres Bruders. Die Begegungen mit der Zwetajewa werden seltener, doch die Vertrautheit zwischen den beiden bleibt bestehen. Ariadna Berg gehört zu der kleinen Zahl von Freunden, die der Zwetajewa die Treue gehalten haben.

Zwetajewa teilt Ariadna ihre Pläne in Verbindung mit ihrer unvermeidbaren, sich aber hinziehenden Abreise in die UdSSR mit; mehr noch, sie hinterläßt ihr vor ihrer Abreise einen Teil ihres Archivs zur Aufbewahrung und einige vertraute Gegenstände, darunter eine Ikone. Wenn auch die Briefe unangetastet erhalten geblieben sind (von Mitte 1938 an sind auch die Briefe Ariadna Bergs an die Zwetajewa erhalten), so ist doch das Schicksal des zurückgelassenen Archivs letztendlich nicht geklärt: möglich ist, daß Ariadna Berg nicht mehr zu den Lebedews vor deren Abreise nach Amerika gekommen ist (das Archiv wartete bei ihnen auf sie), denn drei Monate später brach der Krieg aus!
In diesem Fall hätte es das Schicksal des Archivs der Lebedews, das in Paris zurückgelassen wurde und in einem von Wasser überschwemmten Keller verlorenging, geteilt. Nicht ausgeschlossen ist jedoch auch der Verlust des Archivs zu einem späteren Zeitpunkt, bei Kriegsende, als viele Sachen Ariadna Bergs verlorengingen, oder zur Zeit ihrer Umzüge – von Brüssel in die Schweiz, wo sie nach dem Krieg lebte und arbeitete, und zurück nach Brüssel, wo sie 1979 starb.
Jelena Nikolajewna Berg, die die Briefe der Zwetajewa für den Druck zur Verfügung gestellt hat, sagen wir im Namen aller Verehrer der Zwetajewa und ihrer unvergleichlichen epistolarischen Begabung Dank.

Nikita Struve

Anmerkung d. Hrg.:
Die Briefe Marina Zwetajewas sind in der neuen Orthographie abgedruckt, jedoch unter Wahrung ihrer Eigenheiten in der Rechtschreibung (einschließlich einiger seltener Schreibfehler,

die in den Anmerkungen kommentiert sind) und ihrer Interpunktion.
[Die Interpunktion ist auch in der deutschen Übersetzung, soweit noch mit den Regel der deutschen Rechtschreibung vereinbar, beibehalten. – B. E.]

1

Vanves (Seine)
33, rue Jean-Baptiste Potin
29. November 1934

Liebe Madame Berg, nicht wahr – wir haben so viele Seelen wie Sprachen, in denen wir uns schreiben? Dies ist mein französisches Ich, das Ihnen schreibt.[1]
Ich bin Ihnen unendlich dankbar für Ihren Brief. Was ist das, Dankbarkeit? Seine Freude zu erkennen geben, sich vor *ihm* freuen, vor jenem (von dem uns diese Freude zuteil wurde). So freue ich mich nun vor Ihnen – und darin liegt meine Dankbarkeit. Ich habe niemals eine andere gekannt und angenommen.

Könnten Sie nicht Samstag auf Sonntag verschieben? Denn mein Sohn[2] kommt erst um 4 Uhr aus der Schule, so daß wir erst den Zug um 5:30 erreichen könnten, und ich fürchte, daß uns nur wenig Zeit für unsere *Diskussion* bleiben wird (es wird nämlich eine geben! denn wir sind sehr hartnäckig, mein Manuskript[3] und ich, – eher *Esel* als irgendein anderes Tier, Pegasus verdoppelt und in einen Esel verwandelt... O weh, o weh, ich warne Sie schon im voraus!).
Also, ich warte auf Ihre Antwort.
Wenn Sonntag Ihnen nicht paßt, kommen wir am Samstag mit dem Zug um 5:30. Wie nett und genial von Ihnen, daß Sie an den Bahnhof kommen wollen: ich habe einen völlig falschen Orientierungssinn (nein: ein falscher Orientierungssinn

oder ein verfälschter Orientierungssinn, das ist nicht dasselbe) und ich finde niemals etwas, finde immer das Gegenteil dessen, was ich suche, und meine große Sorge ist und bleibt immer die, nicht zu den Seelen der Menschen zu gelangen, sondern nur vor ihre Türen.
Ich scherze nicht, es ist mir sehr ernst: das ist eine topographische Idiotie und ein Schicksal. Mein Sohn vergöttert das Wanderleben und neue Bekanntschaften, Sie machen ihm eine große Freude.
Auf Wiedersehen und danke!

M. Zwetajewa

Fährt sonntags um 2:30 ein Zug? (wenn der Sonntag Ihnen paßt). Dann werden wir den nehmen.
Entschuldigen Sie den häßlichen Briefumschlag, ich habe keinen anderen. Ebenso die „Schönheit" des Briefpapiers.[4]

2

Montag, 17. Dezember 1934
33 rue J. B. Potin, Vanves

Sie sind unendlich freundlich und gut, daß Sie mein langes und vollständiges Schweigen nicht verärgert hat, das *unverständlich* und *untypisch* für mich ist.
Ich habe – auf tragische Weise – einen jungen Freund verloren[1], ich war die erste, die er geliebt hat, er war meine letzte Liebe (vor sechs Jahren).
Und nun habe ich alles aufs neue durchlebt. Aktiv, als *Seele* der Handlung (nicht als „Mensch") ordne, zerlege und lese ich seine und meine Briefe, unse-

ren vollständigen Briefwechsel, er hat sogar meine letzte Bleistiftnotiz, die zwei Jahre zurückliegt, aufbewahrt, ich hatte mich darin für irgend etwas entschuldigt. (Wir hatten ganze vier Jahre lang keine Verbindung mehr).

Das hat mir das Herz zerrissen, glaubte ich doch doch, er hätte mich völlig vergessen.

– Also, verzeihen Sie.

Fast meine ganze freie Zeit (??) verbringe ich bei seinen Eltern[2], die so verschieden voneinander sind und – was könnte ich ihnen schon geben? Ihren Sohn kann ich ihnen nicht zurückgeben. Gestern war ich mit seiner Mutter auf dem Friedhof: die Bäume gehen in vollkommener Freiheit in ihn ein, es ist ein Eintritt in den Wald (*unseren* Wald) von Meudon.

Wie kann man von hier fortgehen und *ihn* allein lassen, in der Kälte und in der Nacht, – im Lehm?

Er war 25 Jahre alt, als er starb, 18,

als er mich }
ich ihn } liebte, 16, als ich ihn kennenlernte.

– Und nun –

Verzeihen Sie nochmals. Ich habe viel an Sie gedacht, und ich weiß nicht, aber im *Grund* meiner selbst (dort, wo es keine „Form“ mehr gibt) war ich doch ganz von Ihnen überzeugt.

Ich habe nichts für mein Manuskript – *meine* Manuskripte[3] – getan, ich fahre heute in die Stadt und werde versuchen, jemanden zu finden, der sie abschreibt (auf der Maschine: ich hasse das Wort „abtippen“, seinen Klang wie die Sache selbst).

Ich schreibe Ihnen bald wieder.

Verzeihen Sie mir!

MZ

Ich habe ein schönes Weihnachtsgeschenk für Ihre Töchter, ich gebe es Ihnen, wenn wir uns sehen, bald, hoffe ich.
Wollen und können Sie am Donnerstag kommen, gegen fünf Uhr?
Ich warte auf Ihre Antwort.
Sie nehmen den Zug von *Clamart* nach Montparnasse

Montparnasse	Clamart
4.21	4.43
4.50	5.01
5.10	5.17

Sagen Sie mir, welchen Zug Sie nehmen, dann komme ich an den Bahnhof. Es ist ganz nahe, aber schwer zu finden, denn es ist *Vanves.*
Ich erwarte Sie.

3

Vanves (Seine)
33, rue Jean-Baptiste Potin
den 7. Januar 1935
(bei der Ziffer 5 mache ich immer noch Fehler)

Liebe Madame Berg,
Wir konnten nicht kommen wegen eines traditionellen Besuchs, eines halb russischen, halb französischen, sagen wir – mit einer Nuance von Heuchelei, die dieser politische Ausdruck immer beinhaltet – eines franko-russischen. Anwesend war eine sehr alte Dame, einige weniger alte Damen und ein ziemlich junger Herr, alle aus dem Hochadel; einen kleinen Jungen habe ich vergessen, der

auf den ersten Blick Damen und Nicht-Damen für den Handkuß unterschied (mit neun Jahren!) – mit einem Wort, alles war absolut verlogen, angefangen von dem kleinen Handküsser bis zu den belegten Broten, die nur fürs Auge gemacht waren. Mur blickte auf all das mit den Augen eines *Richters.*

Denken Sie, wie wir es bedauert haben – wir dachten beide an Ihr Haus, mit seinen echten Kindern und seiner echter Sympathie! (Die ganz alte Dame war besonders schrecklich wegen ihrer übertriebenen Liebenswürdigkeit!)

Ich wäre sehr glücklich, Sie am Samstag wieder zu sehen, aber Sie werden bestimmt mit dem Abendessen oder dem „Neben-Abendessen" zu tun haben, und ich bin sicher, daß ich mich nicht mehr an den Weg erinnere; schicken Sie mir bitte einen detaillierten kleinen Plan mit Straßennamen und allen Biegungen, damit ich allein zu Ihnen finden kann. Doch das Wichtigste sind die Straßennamen, damit ich eine Sicherheit in der Hand habe.

Mit welchem Zug muß ich fahren, um rechtzeitig bei Ihnen zu sein?

Ich bringe meine ins reine geschriebene Prosa mit. Also bis Samstag, und danke. Ich warte auf den Plan.

MZ

Muß ich nach Vaucresson oder Garches fragen, wenn ich aus dem Bahnhof komme?

4

Danke, und bis morgen auf dem Bahnhof zur verabredeten Zeit. Mur weiß noch nichts, denn er würde sich schon 24 Stunden vorher Gedanken machen, ob wir auch nicht zu spät kommen.
Ich freue mich sehr, Sie wiederzusehen – Sie alle.
Freitag

MZ

5

Vanves (Seine)
33, rue Jean-Baptiste Potin
13. Februar 1935, Mittwoch

Liebe Madame Berg,
Paßt Ihnen Sonntag, der 17. Februar? (*Dieser* Sonntag).
Ich habe mich sehr gefreut, Nachricht von Ihnen zu bekommen, ich dachte schon, Sie hätten uns vergessen. Sie könnten von uns dasselbe denken, ich weiß, denn ich habe kein Lebenszeichen gegeben, aber – sehen Sie die Unlogik! – ich wußte, daß es nicht so ist, während ich mir bei Ihnen nicht sicher sein konnte.
Mit einem Wort – alles ist gut.
Auch ich habe Neuigkeiten für Sie, insgesamt gute.

Ein kleiner Vorschlag. Ich bin in einer extremen Notlage, und ich möchte ein Buch „realisieren“ [d. h. verkaufen – B. E.] – ein Werk, das ich ein zweites Mal erhalten habe und zwar folgendermaßen. Ich habe eine Freundin in der Tschechoslowakei[1], die mir jedes Jahr zu Weihnachten ein Büchergeschenk macht. Und sie hat mir zweimal dasselbe Buch geschickt, ein Buch, von dem ich geträumt hatte und das ich zum zweiten Mal bekommen habe, das Werk eines Dichters (ich sage Dichter, obwohl er in Prosa schreibt)

– Olav Duun[2]: Die Juwikinger

die Geschichte einer norwegischen Familie über drei oder sogar vier Generationen hinweg. Aber es ist nicht die Familie, die hier wichtig ist – es ist *das Meer*, der Fjord, die Arbeit, das Schicksal. Ein Buch von allererster Kraft. Geschrieben von den Elementen *über* die Menschen *hinweg*. Duun sollte den nächsten Nobelpreis bekommen.[3]

In deutscher Sprache. Eine schöne Ausgabe. Zwei Bände im Einband, ganz neu, da nicht geöffnet, und ich verkaufe beide für *50* Francs, den Preis eines Bandes.

Ich würde Sie Ihnen von Herzen gern *schenken*, aber ich bin in einer äußersten Notlage: Mur hat nur zwei Paar Strümpfe, die ich jeden Abend ausbessere (so ein unschönes Wort!), nur zwei Hemden, ein Paar Schuhe (die immer vor dem oft nicht brennenden Ofen trocknen) – und nun ist auch noch die Kohle ausgegangen. Vielleicht kaufen Sie das Buch für Ihren Mann, – das wäre ein *wunderbares Geschenk*. Wenn Sie im Augenblick nicht bei Geld sind, werde ich mich fürs erste auch mit der halben Summe (25 Francs) zufrieden geben – das würde zwei Säcke Eierkohle bedeuten (das *Meer* in *Feuer* verwandelt!)

Auf Wiedersehen also – bis Sonntag. Ich komme

mit Mur und meiner Ware. Wenn Ihnen das nicht recht ist, sagen Sie einfach gar nichts.
Ich umarme Sie, und Mur läßt Ihre Töchter grüßen, denen er schließlich ihre „Weiblichkeit" verzeihen wird – um nicht das nichtssagende Wort „Geschlecht" zu verwenden.

MZ

Wir nehmen den Zug um 2.30. Wir: Mur, alle Lebenden und *Geister** des „Juwikinger" – und ich. Der Zug wird überfüllt sein.

Ich werde diesmal russische Gedichte mitbringen. Fügen Sie das zur der Ladung des Zuges hinzu.

6

Freitag
Pech für den Sonntag – und vielleicht für lange Zeit. Mur hat Grippe und Mittelohrentzündung auf beiden Seiten mit hohem Fieber. Gott weiß, wie lange das dauert. Ich umarme Sie und die Kinder und werde Ihnen bald Nachricht geben.

MZ

Der Waggon am Sonntag wird frei von allen unseren Lasten fahren. Mur ist krank geworden (Erbrechen, starker Schnupfen), gleich, nachdem ich den Brief an Sie abgeschickt habe – *fünf Minuten* später!

* Drei Generationen von Geistern! *Handelnde.* Denn *sie* sind es, die in uns handeln. Die Geister sind das *Blut:* die Ahnen. (*Das Blut – Flut.* Die Flut des Blutes in uns [im Original dt. – B. E.]).

7

Montag, den 18. Februar 1935

Liebe Madame Berg,
Ich habe zur Zeit zwei Kranke: Mur und meinen Mann – und der ist noch schlimmer krank. Das Fieber will nicht sinken, ein verheerender Husten, dieselbe Grippe, aber in einer stärkeren Form. Wenn Sie sich nicht vor einer Ansteckung fürchten (wer weiß?), kommen Sie am Mittwoch um vier Uhr, ich werde mich unendlich freuen, Sie zu sehen.
Nehmen Sie die Metro nach Mairie d'Issy (Endstation), gehen Sie 1) die Av. *Ernest Renan* hinauf (an der Ecke ein Café, eine hinaufführende Straße), nehmen Sie dann 2) die Rue *Baudin*, die Sie 3) zur *Av. de Clamart* führt, also zur Rue J. B. Potin (mein Haus Nr. 33 ist das Eckhaus). Fragen Sie ab und zu nach der folgenden Straße, aber wenn Sie mit der J. B. Potin beginnen – wird sie keiner kennen, denn sie ist nur ein *Spalt*. Ich erwarte und umarme Sie.
Danke für die Sendung – Ihre Bücher warten auf Sie.

MZ

8

Vanves (Seine)
33, rue Jean-Baptiste Potin
den 4. März 1935

Liebe Madame Berg,
Ich werde mich sehr freuen, Sie wiederzusehen.

Ich war zutiefst hocherstaunt zu erfahren, daß ich Ihnen gegenüber als *Geber* erscheine, ich, die ich nur von diesem kleinen Leben, das ich führe und wohl bis zu meinem Tod führen werde, *umwunden* bin. Sie haben mich noch nie *in Freiheit* – niemals – *mich selbst* gesehen.

... Und dort bin ich *gelogen*,
Wo ich gebogen bin[1].

Aber es gibt keine *Geber*, wenn es keine *Nehmenden* gibt (auch ich bin einer). Und das Gefühl der Peinlichkeit, fast der Erniedrigung, das ich beim Lesen Ihrer Zeilen empfinde – ich habe es (!) einst – es ist schon fünfzehn Jahre her! – in den Augen und in der Stimme des Fürsten Sergej Wolkonskij[2] gesehen und gehört, dem ich von der Freude sprach, die mir durch ihn zuteil wurde: – „Ich – geben? Ich, der ich klein und nichtswürdig bin... "
Aber auch ich wußte zu nehmen und habe vielleicht beim Nehmen – gegeben. Wie Sie.
Auf Wiedersehen bis Mittwoch und vielen Dank. Mur weiß noch nichts, sonst wird er wieder anfangen, seine Nägel zu verschlingen (er verschlingt sie nicht mehr, beißt nur kleine Stückchen ab) – aus Ungeduld.
Ich umarme Sie.

MZ

Also, Mittwoch, Zug um 2.30.
Die Frage Ihrer Unterkunft interessiert mich lebhaft.[3] Werden Sie sie etwa in einem anderen Land, unter einem anderen Himmel und unter anderen Bäumen suchen? In Ihrem Brief weht ein Hauch von Abfahrt.

9

Vanves (Seine)
33, rue Jean-Baptiste Potin
7. April 1935, Sonntag

Liebe Madame Berg,
An diesem Donnerstag, den 11. April halte ich einen Vortrag über die Dichtung Nikolaj Gronskijs und das Schicksal des Dichters im allgemeinen.

184, bd. St. Germain – Salle Géographie
Donnerstag, 11. April, 19.30 Uhr
Der Bergsteiger-Dichter

Wenn Sie können – kommen Sie.
Ich umarme Sie und würde mich sehr freuen, Sie zu sehen.

MZ

10

Vanves (Seine)
33, rue Jean-Baptiste Potin
18. April 1935, Donnerstag vor Palmsonntag

Liebe Ariadna,
Entschuldigen Sie, ich habe Ihren Vatersnamen vergessen, aber – wenn Sie wollen – soll es auch so bleiben: ohne Vatersnamen: wir haben *gute* Vornamen, und den Ihren liebe ich so sehr, daß ich ihn vor 21 Jahren meiner Tochter gegeben habe.[1]
Ich habe Ihnen doch vor kurzem geschrieben, am 8., 9., habe Sie zu meiner Lesung „Der Bergsteiger-

Dichter" eingeladen (am 11.) – wenn ich mich nicht irre, habe ich sogar eine Eintrittskarte beigelegt und war *sehr* bekümmert, 1) Sie nicht im Saal zu sehen, 2) so lange nichts von Ihnen zu hören. Ich dachte schon, Sie hätten, in der Hitze des Umzugs, meine Adresse *für immer* verloren, – und wir würden uns *niemals* mehr sehen, denn mein Brief hat Sie offensichtlich nicht mehr erreicht, und ein zweiter wäre nicht angekommen, und Sie wären wohl kaum darauf gekommen, mir über die Poslednije Nowosti[2] zu schreiben. (Übrigens, im Falle von Umzug oder sonstiger Veränderungen – dies ist meine (im wahrsten Sinne!) *ewige* Adresse). Nun, ich bin sehr froh, daß wir uns wieder gefunden haben.

Wenn Sie mich und Mur sehen und sogar für einige Tage beherbergen wollen (ich werde doppelt verführt: von Ihrer Freundschaft und vom Wald – das sind *meine* Elemente! *Nicht:* das Meer und die Liebe), nun, wenn Sie uns bei sich haben wollen – eilen Sie sich. Mur hat jetzt Ferien, die am 29. April, d. h. am zweiten Tag des russischen Osterfestes, enden, doch sollten wir schon Gründonnerstag zu Hause sein, damit Mur sich noch aufs Abendmahl vorbereiten kann. Heute ist Donnerstag, der 18. Wir könnten ab Sonntag zu Ihnen kommen, sagen wir – für drei Tage – und Mittwoch morgen zurückfahren. Antworten Sie *bald* und beschreiben Sie den Weg, alles, alles, vom Pariser Bahnhof an und den Zügen bis zur Haltestelle und, wenn Sie nicht am Bahnhof sein können, den Weg zu Ihnen.

Mur für diese Tage irgendwohin hinaus ins Freie zu bringen, war mein großer und unerfüllbarer

Traum. Doch ich fürchte, die Reise wird sehr teuer, 69 Kilometer, habe ich im Kursbuch gelesen, und wir haben gerade mit großer Mühe den term[3] bezahlt und sind sehr arm geworden. Vergessen Sie nicht – den Preis für die Fahrkarten. Wir *können* auch am Montag fahren, aber *besser* ist Sonntag, um früher zurückfahren zu können; vor Ostern gibt es viel Arbeit im Haus, alle Böden müssen gebohnert werden, das ist schon Ehrensache. (Von mir fordert das niemand – ich brauche es.)

Ach ja! Wird Mur tagsüber schlafen können? Das ist sehr wichtig, d. h. werden wir ein abgetrenntes Zimmer für uns haben? Entschuldigen Sie die Unverfrorenheit der Frage, aber für ihn ist der Schlaf am Tag sehr wichtig, er ist sehr blutarm, das hat mir der Arzt gesagt.

Wenn Sie antworten, legen Sie meinen Brief vor sich hin.

Später als Montag können wir nicht fahren, denn am Donnerstag muß er – von morgens an – fasten und ich bohnern.

Ich küsse Sie und warte auf eine baldige Antwort.

In Liebe und Vorfreude auf Sie

Marina

Ich nehme den Bergsteiger-Dichter mit und vielleicht noch etwas.

(Und die letzte Unverschämtheit) kann ich Kaffee „à volonté“[4] bekommen??? *Meine* ganze Kaffeekanne, um niemanden fragen zu müssen. Ich kann sie mitbringen.

Ich war noch *nicht einmal* – während des ganzes Frühjahrs – im Wald! (Unserer ist 45 Minuten entfernt, nicht zu Fuß – *gelaufen*).

Und die Adresse ist wie ein Echo:

Vaumoise
[Echo]: – Oise...
(Und schon ergeben sich Verse:
Die Adresse, wie ein Echo:
– Vaumoise. [Echo]: Oise...
So werden Gedichte auch geschrieben.
Vielleicht machen wir es so, wenn die Reise zu teuer ist: zu Ihnen bezahlen *wir*, und von uns – *Sie?*
(Sonst bleiben wir *für immer!* Und werden alt...)

11

Vanves (Seine)
33, rue Jean-Baptiste Potin
Montag, 22. April 1935

Liebe Ariadna,
(Wie gut, daß Sie mir Ihren Vatersnamen nicht mitgeteilt haben, den ich offensichtlich so auch niemals erfahren werde, – es sei denn, die Hartmans erstehen auf, daran zweifle ich). Also, kein Telegramm, folglich – alles in Ordnung (in *Ihrer* Ordnung, d.h. in der Ordnung Ihres Lebens).
Ist Ihnen folgendes (das einzig Mögliche) recht: wir kommen am 30., am dritten Tag des russischen Osterfestes, d. h. an Murs erstem Schultag, den er ausfallen läßt – noch zwei. Denn mitten in der Unterrichtszeit, wenn sie bereits begonnen hat, drei Tage ausfallen lassen – das wird er als erster nicht wollen. Und so wird es gehen – eine legitime Verlängerung der russischen Feiertage.
Und ich bin sogar froh, daß es so gekommen ist: 1) warte ich gerne (auf etwas Schönes), 2) habe ich

Zeit, das Haus aufzuräumen, alles zu waschen usw. 3) verschaffe ich Mur drei zusätzliche freie Tage, 4) wird das Wetter besser (*sollte besser werden*), 5) kann ich für Sie noch den Abdruck von Theseus[2] und anderes heraussuchen (ich habe *Lager!*), 6) werden wir bei Ihnen *Pascha* [trad. Quarkspeise zu Ostern – B. E.] essen, ja, unbedingt, – das wäre nicht der Fall, wenn wir jetzt, zu Gründonnerstag kämen (vielleicht sind Sie Katholikin und essen jetzt gerade Pascha – und essen sie jetzt gerade *ganz* auf?? (Stöhnen: o-o-o!). Übrigens – Katholiken essen keine Pascha, die *Russen* essen sie, und da Sie Russin sind, werden Sie sie zum *russischen* Osterfest essen. Von der Pascha bin ich deshalb so überzeugt, denn ich werde sie selbst dieser Tage machen, nach meiner Indolenz – bei Ihnen, d.h. ich werde davon so vollgestopft sein (NB! *seelisch*), daß Sie und ich gezwungenermaßen Quark kaufen gehen werden. Nun – sollte es keinen Quark in Vaumoise geben... bringe ich welchen mit (und komme völlig naß an, denn er feuchtet durch). Nein, im Ernst: wenn Sie keinen Quark haben, schreiben Sie, wieviel Sie brauchen. Nun – aller guten Dinge sind *sieben* (und nicht *drei*)[3], und es müßte noch einen siebten Anlaß zur Freude geben; ach – der Mai, der Erste Mai! Also 7), wir sehen uns im April, trennen uns aber im Mai, was länger und üppiger ist als *nur April*.
Das ist nun wohl alles.
Also, ich warte auf Antwort.
Am Dienstag, am 30. April, am letzten Tag des russischen Osterfestes. Ich nehme an – *mit dem Zug*. Wenn Sie antworten, schreiben Sie, wenn Sie sich erinnern: *grande banlieue* am Schalter oder etwas anderes? Und die Bahnsteignummer. Und

wenn Sie es vergessen haben – macht nichts, Mur und ich werden uns ein wenig umschauen und uns schon zurechtfinden.
Also: 1) Paßt Ihnen der 30.? 2) Schalter und Bahnsteig. 3) Soll ich Quark mitbringen und was für welchen? 4) Werden wir beide es schaffen, mit vereinten Kräften, Mur ein Hemd mit langen Ärmeln zu nähen, d.h. es von einem alten, schon vorhandenen zu *kopieren?* Oder können Sie genauso wenig zuschneiden wie ich? (Ich kann nur mit *sklavischer* Nachahmung nähen...). Vielleicht kann es das Fraülein [sic! – im Original dt. – B. E.]? Oder ist sie nicht mehr da?
Wenn Sie antworten, legen Sie den Brief vor sich hin.

MZ

Süßes mag ich sehr, und Mur noch mehr. Sie sind en veine de[4] Kuchenbacken und Mur ist gerade en veine de Verzehr, doch jetzt gerade gibt es nichts, denn er muß seine Gefräßigkeit aufsparen und wird Ihnen eine ganze *Goldgrube* mitbringen.
Ich umarme Sie. Einen herzlichen Gruß an die Kinder.
Ich liebe den Zug, denn er ist *alt*, und es wird ihn bald gar nicht mehr geben. Aus reiner Treue.

12

Vanves (Seine)
33, rue Jean-Baptiste Potin
Montag, 29. April, zweiter Osterfeiertag

Liebe Ariadna,
Mur und ich haben sehnlichst auf eine Antwort ge-

wartet, doch – kein Wort, und morgen beginnt die Schule.
Vielleicht ist mein Brief verlorengegangen, in dem ich vorgeschlagen hatte, am Montag, den 29. (heute) zu kommen? Ein langer Brief.
Oder vielleicht ist Ihre Antwort – diese oder eine andere? – (verlorengegangen.) Sehr seltsam, daß ich keinen Ton gehört habe.
– So oder so, – „Christus ist auferstanden!“

MZ

13

Vanves (Seine)
33, rue Jean-Baptiste Potin
Dienstag, 7. Mai 1935

Liebe Ariadna,
Sie haben natürlich schon von Balmonts Wahnsinn gehört[1]. Von ihm (und der Norm) kann man sagen, was Segur[2] über Napoleon in Rußland sagte: Sa mesure était grande, mais il l'a dépassé quand même.[3] *Er ist sogar für einen Dichter, sogar für sich selbst nicht normal.* Am 17. ist seine Dichterlesung (*wo*, weiß ich jetzt nicht, ich werde es in Erfahrung bringen und Ihnen mitteilen) – kommen Sie unbedingt, ich rufe Sie nicht zu einem Kuriosum, sondern zum *Ende eines Dichters.* Denn es ist das Ende, er wird dieser Tage 70[4]. Der Saal wird voll sein, unvermeidlich natürlich auch eine Handvoll der *eigenen* Leute, die den Wahnsinn Balmonts der Vernunft aller übrigen vorziehen.
Die Lesung findet ganz bestimmt statt, er hat *alles*

vergessen, aber daran erinnert er sich. (Richtiger, er hat nichts vergessen, an *alles* gedacht – auch in diesem Wahnsinn).

Die Hartmans sind aufgetaucht. Sie waren in Nizza, sind jetzt in London, geben ihre Adresse aber nicht heraus und bitten, an Courbevoie[5] zu schreiben, doch ich habe völlig vergessen 1) war es Courbevoie? 2) wenn Courbevoie, welche Straße und Hausnummer?, 3) ihr Vor- und Vatersname. Ich bitte Sie sehr, geben Sie mir gleich zu allen drei Punkten Bescheid. Von ihrer Rückkehr schreiben sie nichts, nur, daß sie sich bald melden wollen.

Wenn Sie nach Paris kommen, geben Sie bitte lange vorher Bescheid, – denn ich bin absolut an Mur gebunden: an seine Schule und überhaupt an ihn. *Besser* wäre es, Sie würden dennoch nach Vanves kommen, gegen Abend habe ich eher Zeit (ab 5 Uhr). Sie könnten bei uns zu Abend essen, und dann würde ich Sie begleiten. Wegen Paris habe ich wenig Hoffnung, und Mur kann jetzt keinen Tag ausfallen lassen, er hat sowieso schon die Ferien wegen des russischen Osterfestes überzogen, und am 6. (23. April) hat er Georgstag gefeiert – er heißt doch Georgij.
Auf Wiedersehen! Ich warte auf Nachricht. Ich küsse Sie.

MZ

Die Zahnschmerzen kann ich nachfühlen – und die Siege Ihrer Jüngsten. [Wortspiel: bedam (Schmerzen) – pobedam (Siege) – B. E.]
Eine grausame Sache – die Natur!

Ich spreche über die *mesure* der Balmontschen *Norm*, wie Segur über das Maß der Napoleonischen Vorstellungen. Ich verliere die Hoffnung nicht, daß uns – irgendwann einmal ein Zug zu Ihnen bringt. Aber – wann?

14

Vanves (Seine)
33, rue Jean-Baptiste Potin
Donnerstag, 23. Mai 1935

Liebe Ariadna,
Ich werde alles der Reihe nach erzählen.
In diesem Sommer habe ich fest beschlossen, mit Mur ans Meer zu fahren, denn das habe ich schon seit *sieben* Jahren, (und er ist zehn!)

> Noch nirgends sind wir hingefahren, mein
> Sohn und ich,
> In Löcher verwandelt habe die Meere sich.
> Den Besitzern abgerissener Fünferlappen
> Passen Ozeane nicht in die Taschen.
>
> Die Armut – nur Brot ohne Hauptgericht,
> Wieder ein Sommer, den man trocken bricht.
> Und das Meer ist für uns eine Sandbank,
> Unseren Sommer verspeisen die andern.[1]
>
> – usw.

genau das habe ich für dieses Mal beschlossen: ich *fahre* – und so wird es *sein*.
Ich begann zu überlegen und habe erfahren, daß es am Mittelmeer, in der Nähe von Toulon (Reim: Napoleon) eine Siedlung von einigen russischen

Datschen gibt[2]: Sandstrand, Fichten und Schlichtheit. Man hat mir die Adresse des hiesigen Eigentümers[3] angegeben, ich ging hin und fand (die Peripetien lasse ich aus – irgendwann einmal mündlich) ein Mansardenzimmer für 600 Francs im *Sommer*, ganz zur freien Verfügung, d.h. ich kann waschen und kochen. Da habe ich die am Abend vorher erhaltenen 200 Francs für die Übersetzung des „Bergsteiger-Dichters“ ins Serbische hineingesteckt[4] – ein Drittel also.
Und jetzt: die restlichen 400 Francs werde ich so oder so bekommen: ich möchte am 15. Juni einen Autorenabend veranstalten. Doch was ich nicht habe und wohl kaum haben werde – Geld für zwei Fahrkarten aller-et-retour im train de vacances[5], und zwar 430 Francs für beide Rückfahrkarten. Buchen muß man – sofort, am Schalter, der am 21. Juni um 7 Uhr morgens öffnet (anstehen muß man etwa fünf Stunden – die Schlange ist gewaltig). Der Zug geht am 28. Juni (er geht nur zweimal im Monat), es wird *die Hölle,* die ich mir nicht vorstellen kann.
Und da dachte ich an Ihren Vorschlag – irgendwann einmal: wie wäre es, wenn ein paar Leute, die mir freundschaftlich gesinnt sind und das, was ich mache, mögen, mir ein wenig helfen könnten zu leben? Ich antwortete damals: Womit habe ich das verdient. Wenn Sie für mich bei Ihnen, liebe Ariadna, bis zum 15. Geld für die Fahrkarte auftreiben könnten – wäre ich *glücklich*. Denn bedenken Sie: das *ganze* Problem ist die Fahrt. Im vorigen Jahr habe ich in dem wasserlosen Dorf Elancourt sur St. Cyr[6] mit gesperrtem (gräflichen) Wald und eingezäunter (Vieh-!)Weide, für nackte Wände oh-

ne Möbel (man mußte alles *alles* aus Vanves mitbringen) *175 Francs im Monat* bezahlt, das sind 25 Francs weniger als man von mir für dieses Paradies verlangt!
Aber woher nehmen? Selbst wenn ich durch den Autorenabend 300 Francs *(maximal!)* verdiene, brauche ich für das Zimmer noch 400 Francs! Und das *vor* der Abreise; die Besitzer haben völlig recht, sie machen es billig, wollen aber keine Scherereien. Und da fahre ich hin, aber bezahlen kann ich nicht. Außerdem, soviele Ausgaben im voraus! *Primuskocher*, Badeanzüge für mich und Mur, Reiseapotheke, irgendwas an Lebensmitteln – dort ist alles *dreimal so teuer*, hat man mir vorausgesagt. Schuhe... Hier ist alles billig, und dort schlägt sich jeder Viertelrubel auf dem Konto nieder. Doch brauche ich das alles wiederum, außer einem Badeanzug, hier sowieso, denselben Primuskocher (im vorigen Jahr bin ich mit einem fremden gefahren), dieselben Schuhe – bedauerlich nur für *hier*, d.h. für jedes beliebige Loch, denn das *Gute* ist außerhalb von Paris teuer, das wissen Sie selbst.
Doch die Hauptsache ist die Reise, d.h. 430 Francs poids brut und sogar brutal[7]! *Das* kann ich nicht bewältigen.*
Darum bitte ich. Wenn Sie darum bitten, könnten Sie sagen, daß ich sehr blutarm bin (das ist *wahr*, bescheinigt von Marschak[8]) – dauernd Geschwüre aus diesem Grunde habe – daß ich *erschöpft* bin von der Schwarzarbeit, daß mir *niemand* hilft, daß

* S. Ja. kann diese Reise beim besten Willen nicht unterstützen, er unterhält uns sowieso: Lebenshaltungskosten, Miete, Murs Unterricht (80 Francs im Monat). Er kann es nicht. Und Schulden wollen wir nicht machen.

ich kein Stipendium bekomme (*alle* Schriftsteller haben eins!)
– daß das keine partie de plaisir[9] ist, sondern eine Notwendigkeit. Ich weiß, daß das Leben dort nicht leichter sein wird als hier! Ein Mansardenzimmer, d.h. höllische Hitze, Marktbesuch in der Nachbarstadt, beladen mit allen Einkäufen (es gibt motorisierte Liferanten, doch das ist um vieles teurer), der Gang zum weit entfernten Brunnen (es gibt eine Zisterne, doch nur für Trinkwasser, doch ich muß für zwei waschen und Geschirr spülen) – mit einem Wort, es ist sogar schwieriger als hier, wo es einen *Wasserhahn* gibt und an jeder Ecke einen Maggi-Laden[10].
Aber *die Kiefern* (mein bis zum Wahnsinn geliebter Baum! Norden und Süden in einem), das Meer, dessen Namen ich trage und *Mur im Freien*, nackt, braun und salzig. Mur als ausgezeichneter Schüler hat es verdient.

Die Autorenlesung ist nicht zustandegekommen: das Publikum kam, Balmont nicht. Nach einigen Monaten *begnadeter*, immer ideeller Gewalttätigkeit ist er endlich in die Heilanstalt in Epinay[11] eingeliefert worden. Zweitausend im Monat sammeln sie für ihn, vielleicht – zum Teil – aus Angst, er könnte wieder mitten in der Nacht aus Clamart nach Paris zu Besuch kommen und endlos reden... und alles solche abgehobenen Dinge. So oder so – für den Geisteskranken hat sich was gefunden, und solange er „bei Verstand“ war, aß er Grießbrei mit Wasser, denn etwas anderes war nicht im Haus, ich bin Zeuge, ich habe ihm so oft zu essen gebracht. Es herrschte die bitterste Not.

Niemand wird zu ihm gelassen, und es heißt, daß er sich nach den ersten Tagen der Raserei etwas beruhigt hat. In diesem Sommer wird er (oder ist schon) *siebzig Jahre.*

Ich will schließen. Ich schreibe Ihnen seit dem Morgen, im noch nicht aufgeräumten Haus. *Eine Idee* – vielleicht könnten Sie auch versuchen, den Hartmans etwas zu entlocken? Ich selbst kann es nicht, aber für jemand anderen – für Sie – wäre es möglich und machbar. Doch so eine Summe – 430 Francs – zusammenzubringen, ist nicht leicht, und – Gott weiß – vielleicht geben sie 100 Francs – einmal haben sie den Balmonts für die Reise nach Courbevoie 50 Francs geschickt (und die haben es *für Essen* ausgegeben, erinnern Sie sich?). Mir gegenüber verhalten sie sich merkwürdig.
Man muß die Lage nur ausmalen.
Mit einem Wort, Sie haben mehr Einfluß.
Wenn Sie noch schreiben: ich sammle bei Freunden für eine Reise der Z-jewa ans Meer, werden sie kaum nein sagen können. Nur muß es bald sein.
Und besser: *für Fahrkarten*, das ist konkreter.

Mit Aufregung erwarte ich Ihre Antwort.
Ich habe in absolutem Vertrauen geschrieben.
Ich umarme Sie.

MZ

Entschuldigen Sie den Egoismus meines Briefes. Ich habe nach nichts gefragt, weder nach Ihnen, noch nach den Kindern oder der neuen (?) Wohnung, die ich wahrscheinlich nicht mehr sehen werde.
Geht es gut bei Ihnen? Und vor allem – Ihnen?

Schreiben Sie über alles.
Und wie geht es den Zähnen?
In unserem Schicksal ist etwas *ähnlich*.
„Tiere in der Gefangenschaft.“

15

Vanves (Seine)
33, rue Jean-Baptiste Potin
Montag, 3. Juni 1935

Liebe Ariadna,
Danke für die schnelle Antwort und die Bemühungen. Bisher hat sich noch niemand gemeldet, aber vielleicht ist es noch zu früh?
Ich verbringe die Tage mit verschiedenen dringenden Angelegenheiten und Voraus-Gedanken zur Abreise. Die wichtigste Sorge – Sie werden lächeln: soll ich das riesige Waschbrett, eine der wichtigsten handelnden – und aushelfenden! – Personen in meinem Leben, mitnehmen oder nicht? Ich habe viele solcher „Waschbretter“...
Meine Lesung findet wohl am 20. statt[1]. Ich werde entweder „Bloks Letzte Liebe“[2] oder das Stück über meine Kindheit „Der Teufel“[3] lesen.
Wenn das Datum feststeht, teile ich es Ihnen mit. Dann sehen wir uns wohl sowieso nicht mehr vor meiner Abreise.
„Mein Zug“ (wie stolz!) geht am 28. um 5.30 nachmittags vom Lyoner (Löwen-) Bahnhof.
Ich werde meine im Laufe vieler Jahre entstandenen Gedichte in Ordnung bringen. Seit *meine* (Essay-)Zeitschrift „Wolja Rossii“ [Freiheit Rußlands]

nicht mehr erscheint, die *alles* von mir angenommen hat – in Abwesenheit, im guten Glauben und nachdem sie ein Poem (sieben Kapitel) gedruckt hat – sieben Monate –, schreibe ich keinen größeren Poeme mehr, denn ich habe angefangen, Prosa zu schreiben, die ich sehr liebe, aber dennoch – nicht so. Und es gibt gute Gedichte, doch kein einziges ist fertiggeschrieben, und so viele sind überhaupt noch nicht geschrieben...
Im Sommer möchte ich schreiben, wenn das Leben auch sehr schwierig wird.

Mur hat Abszesse (Blutarmut). Völlig unerwartet, doch unablässig. Jetzt hat er ein riesiges Gerstenkorn. Er ist sehr blaß, fast grün.
Für ihn ist die Reise viel notwendiger als für mich. Er lernt ausgezeichnet. Doch er *bringt mich um* mit seiner Leidenschaft für Zeitungen und Zeitschriften, die mir so fremd ist!
Alja sehe ich fast nicht, sie kommt einmal in zwei Wochen für fünf Minuten vorbei. Sie sagt, daß sie viel in der Schule zu tun hat.[5] Ich weiß es nicht. Doch es ist *ihr* Leben. Im Herbst wird sie 22, als ich in ihrem Alter war, war sie vier Jahre alt: vier Jahre meiner Verantwortung. Doch ich war anders – völlig.
– Nun, so ist es...
Schreiben Sie, werden wir uns sehen?
Ich küsse Sie und, noch einmal, danke für alles. Könnten Sie nicht, zu meinem Nutzen, aus Ihrem Haushalt irgendeine *Aluminiumkasserolle* mittlerer Größe entbehren, und hätten Sie nicht eine *Aluminiumkaffeekanne* übrig? Ich bin jetzt nicht in der Lage, auch nur einen Franc auszugeben, und

da ist ja noch der Primuskocher! Badeanzüge und Bademäntel! Haben Sie nicht vielleicht einen *Bademantel?* Verzeihen Sie die ewigen Bitten, doch aus irgendeinem Grund ist es mir ganz und gar nicht unangenehm, Sie zu bitten – sonst erbitte ich von niemandem etwas.
Ich umarme Sie.

MZ

Schreiben Sie von sich. Gruß an die Kinder. Schreiben Sie auch an etwas?

16

Vanves (Seine)
33, rue Jean Baptiste Potin
21. Juni 1935

Liebe Ariadna,
Was sind Sie denn verstummt?
Und hier – meine „Neuigkeiten“: Mur hatte leichte Magenschmerzen (das erste Mal in seinem Leben!) – ich habe ihn zu einer russischen Ärztin gebracht, die ein Appendizit feststellte und riet, ihn schnell Alexinskij[1] zu zeigen. Gegen Ende des zweiten Tages erfolgloser Fahrt haben wir Alexinskij endlich angetroffen, der ließ ihn heute in die Klinik Ville-Juif[2] bringen, damit er morgen operiert werden kann.
Am 14. morgens wurde er operiert, heute ist der siebte Tag nach der Operation, seither ist alles glatt verlaufen. Er hat sich tapfer verhalten – und tut es noch, besser als ein Erwachsener.
Das alles hat natürlich unsere finanziellen Angele-

genheiten stark durcheinandergebracht, denn obwohl man von uns – vom Standpunkt der Klinik aus – nur Pfennigbeträge genommen hat, waren diese Pfennige dringend für Reise- oder Unterkunft notwendig. (Alexinskij hat für die Operation *nichts* verlangt).
Doch jetzt habe ich fester denn je beschlossen, mit ihm ans Meer zu fahren: die ganze letzte Zeit sah er sehr schlecht aus, war gelb wie eine Zitrone, mußte sich immer hinlegen, – hielt sich den Bauch, ohne selbst zu wissen, daß er krank war. (Kinder beklagen sich *nicht*). Und jetzt, nach der Operation (fast fünf Tage ohne Essen), wird er natürlich sehr ausgezehrt sein.

Gestern abend war meine Lesung: 200 Francs.
Von den Ihren hat sich seither niemand gemeldet, und es wird sich auch niemand melden, glaube ich. (Sie verwundern mich, die Hartmans, sind immer so herzlich. Doch sie sind ebenso „Meine" wie „Ihre").
Nun, so ist das eben.
Ich bin in Eile, denn ich fahre jeden Tag für drei Stunden zu Mur, einschließlich Fahrt sind das sechs Stunden. Es ist am Ende der Welt.
Auf Wiedersehen!
Sie haben mich wohl ganz vergessen.
Ich küsse Sie und die Kinder, sind alle gesund?

MZ

Schreiben Sie unbedingt von sich.

17

La Favière, par Bormes
Villa Wrangel (Var)
4. Juli 1935

Liebe Ariadna,
Einstweilen nur zwei Worte. Ihr Brief kam hergeflogen, eher hergekrochen, – danke. Am 14. Tag nach Murs Operation sind wir mit Gottes und Freundes Hilfe auf den train de vacances geeilt, in den Süden. Favière, das sind einige russische Villen und französische Bauernhöfe ohne Straßen und Briefkasten. Ein riesiger Strand, auf dem Mur und ich von vier bis sechs *allein* sind – die vorbeilaufenden Hunde nicht mitgezählt.
Die Weinstöcke reichen bis direkt ans Meer, das letzte Stückchen überlassen sie den Kiefern.
Die Vegetation besteht aus Kiefern, jeder Art von kleinen Bäumen und Sträuchern, darunter Myrten. Phädra hat sich an einem Myrtenbaum aufgehängt, dabei sagt sie *bei mir:*

> An einem schönen Baum
> Sich zu erhängen, tut nicht weh!

Nein, nicht so – so:

> Phädra:– Sich anvertrauen? Sich verlassen?
> Amme: – Lorbeer – Nuß – Mandel!
> An einem schönen Baum
> Sich zu erhängen, tut nicht weh![1]

Das Leben ist schwer, sehr sparsam und karg, alles muß man erwerben – und ganz im Schweiß seines Angesichts.

Das Schwierigste für mich: ich kann nicht wandern. Mur darf nicht gehen – also kann ich es auch nicht. Aber was es hier für *Berge* gibt – und alles nur sechs Kilometer *Auf*stieg! Mich reizt – mehr noch als eine Füchsin – der Weinberg. *Zu Fuß* zu erreichen!
Mur badet natürlich nicht – er plantscht mit Armen und Beinen und läuft geschickt auf allen Vieren, ohne daß der Verband naß wird. Er ist *sehr* gewissenhaft.
Ihnen und Ihren Töchtern Dank dafür, daß Sie an uns gedacht haben. Mur hat mit *Vergnügen* geantwortet. Sie sind die ersten Mädchen, die er *nett* behandelt.
– Sie tun mir leid wegen der Möhren und Erbsen! Als wäre ich's selbst. So eine Arbeit ist Schlaf und Betäubungsmittel, wie *alles*, was nicht das Heft ist, denn: es steht nicht drin.
Ich küsse Sie und würde mich von Herzen freuen, wenn Sie noch einmal schreiben würden. Von H[artman]s habe ich vor der Abreise 70 Francs bekommen, ich bin noch nicht dazugekommen mich zu bedanken. Courbevoie (Seine) –? Carle Hébert (37? Ich kann mich *nicht* erinnern, ich hatte es so eilig mit meiner Bitte, und dann gehe ich fort – als Flegel).
Gebe Gott, daß auch die anderen ihrem Beispiel folgen und etwas schicken.
Nochmals danke, daß Sie an uns denken.

MZ

18

La Favière, par Bormes
Villa Wrangel
Dienstag, 2. September 1935

Liebe Ariadna,
Ich habe Ihnen natürlich sofort auf den Brief geantwortet, doch das ist nicht das erste Mal, daß ein Brief nicht ankommt. Ich habe auch an Bunina in Grasse[1] geschrieben – vor sehr langer Zeit – und auf Antwort von *ihr* gewartet, bekam aber eine Anfrage, warum ich schweige. Die Sache ist die, daß es zu Beginn des Sommers keinen Briefkasten gab, und ich ließ meine Briefe bald in der einen, bald in einer anderen Datscha, bald im Laden – gegen die Gunst persönlicher Aufmerksamkeit – „wann kommt der Postbote?" Offensichtlich hat jemand ihn vergessen, zumal, da ich die Briefe mal aufs Fensterbrett, mal auf den Küchentisch gelegt habe, überhaupt – unzuverlässig. Sehr schade, daß er nicht angekommen ist, doch ich freue mich von Herzen, daß Sie an meiner freundschaftlichen Verbundenheit nicht gezweifelt haben.
Ich bin, wie Sie sehen, noch im Süden, ungefähr bis zum 25., im Süden, der nach und nach aufhört, Süden zu sein (genauso unerreichbar und unentwegt wie ein Freund, der aufhört, ein Freund zu sein (dieses Mal sogar *ein bedeutungsvoller* Reim! [jug – Süden, drug – Freund – B. E.]) – z. B. hatte heute die Kiefer vor dem Fenster deutlich nördliches Aussehen, denn zwischen ihren Ästen war keine Bläue, sondern Silber: das eines kalten gleichgültigen Himmels. Zum Baden hat man keine Lust

mehr: entweder ist es draußen zu heiß und drinnen zu kalt oder umgekehrt, doch immer ist es ein Vorgeschmack oder eher eine Androhung von Frösteln. Ich ziehe überhaupt die Erde (die trockene Erde von Bergen) durchaus dem Meer vor, das Gehen (das Hinaufsteigen) meinem schlechten Schwimmen, denn ich habe Angst vor der Tiefe: bin ein Angsthase, ganz einfach physisch.

Spaziergänge sind hier wunderbar, doch ist es nicht langweilig, von fremden wunderbaren Spaziergängen zu lesen? Uns langweilen auch fremde Ansichtskarten, wenn sie nicht besonders redegewandt sind. Doch hat sich ein treuer Begleiter für mich für diesen Sommer nicht gefunden: einen, mit dem man einsam lange Wege machen, reden und schweigen könnte. Es gab entweder schweigsame Wanderer (sie sprachen wohl – aber nicht das und nicht darüber) oder Sprechende, die nicht wanderten – nur eine bemerkenswerte russische Schweizerin[2], die ein gewaltiges Buch-Werk über russisches kirchliches Brauchtum (Totenklage) geschrieben hat, eine kluge, schöne Frau, doch mit einem kranken Bein. Und sie war nicht lange hier. Das übrige wechselte. Ich hatte auch einen jungen Gesprächspartner, zehn Jahre jünger als ich, der an den Abenden zu mir an meine Starentreppe kam – abends kann man nicht spazierengehen, denn dann ist es tief dunkel, die ganze Zeit stolpert man, und drinnen schläft Mur – also saßen wir auf der Treppe – ich oben, er unten – und unterhielten uns. Er liebt Gedichte sehr, aber doch nicht so *sehr*, denn mit der Ankunft meiner Tochter (ich wollte nicht, daß sie den Sommer über in Paris sitzt, und die Gelegenheit war günstig – umsonst,

mit dem Auto) – stellte er sofort seine Besuche ein, d.h. er kam noch – zu ihr, wobei er mich, die Lebendige, mich – *mich* – durch den Begriff „Votre maman“[3] ersetzte. Ich schreibe Ihnen darüber ganz einfach, denn ich bin immer noch *oben auf der Treppe* und habe nicht die Absicht, mich hinabzusetzen, ich würde es gerne – aber es geht nicht. Die Situation ist klar: sie ist zwanzig Jahre alt, ich vierzig, nicht *ich* natürlich, ich habe keinerlei Alter, selbst wenn meine grauen Haare so alt sind (obwohl sie mit 24 begonnen haben: es sind die ersten) – und es ist eine *Tatsache*, daß sie zwanzig ist. Und sie besitzt einen katzenhaften Instinkt, etwas „abzuwehren“ – mit der Pfote – unmerklich. Dort, wo das nicht möglich ist, hält sie sich auch nicht auf, d.h. es ist ein bewußt ungleicher Kampf: zwischen dem Vorhandensein aller Mittel und deren völligem Fehlen: denn ich besitze weder Jugend noch Schönheit, auch nicht einmal den *Willen* zum Kampf (um das Gefallen), und ihr augenblickliches Verschwinden vom Schlachtfeld bedeutet: ich war *nicht vorhanden*. Dort, wo vielleicht eine andere ist (eine andere als die nackte Seele: *ich*) – da *war* ich *nicht*. So war ich mit 20 Jahren auch. Und ich bin ebenso vorgezogen worden. Denken Sie nicht, daß das eine Verwundung ist. Ehrenwort: nicht einmal ein Kratzer. *Vielleicht* ein winzig kleiner Splitter, den man am besten mit Jod behandelt.
Ich besitze eine grenzenlose Nüchternheit, bis zum Zynismus. Ich weiß *alles* im voraus – und ich wußte es auch dieses Mal. (Was für ein *kleines* „alles“!) Es endete damit (heute ist er abgefahren), daß er mich gestern ganz offiziell um die Erlaubnis er-

suchte, Alja (Votre fille[4]) zu einem Abschiedsessen ins Restaurant einzuladen, worauf meine Antwort folgte: Il y a un an qu'elle est majeure. (– *Marina,* que dois-je faire dans la vie? Puis-je être écrivain? Je ne puis demander cela qu'à Vous. Etre écrivain – comme *Vous* l'êtes... usw. – Soyez grand. Soyez plus grand que nature. Quant à écrire – personne ne Vous le dira, même moi: *surtout* – moi.
Das waren unsere ersten Gespräche. Und „Marina", ohne Erlaubnis – aber auch ohne Dreistigkeit – unter dem Einfluß seelischen Aufruhrs – zu einem großen Vogel – unter den Flügel. Dann war noch: – Comment ferais-je sans Vous? Und ich *schweigend:* comme tous).[5]
So ist es auch ausgegangen: comme tous.

Mur ist wunderbar, er ist, wie Sie kürzlich sagten – ein weißer Neger. Doch Weißes ist wenig da: er ist ganz kurz geschoren, da sind nur die Augen, ganz unerbittlich in dieser Bräune. Er badet *leidenschaftlich* gern – deshalb häufige Skandale: er badet immer viel zu lange. Er hat hervorragend schwimmen und tauchen gelernt. – Der Strand ist hier (toi, toi, toi!) Gottseidank flach. – Und ein *ausgezeichneter* Fußgänger. Das einzige der hiesigen Kinder, das mit uns lange Spaziergänge macht – und *nicht* stolpert. Das hat er von mir – das ist meins.
Seelisch quält er sich ohne Beschäftigung, langweilt sich nach der Schule, liest jeden Schund (der beste Schund, aber dennoch Schund: Benjamin, Mickey, Dim. Illustré[6]), aber auch Dickens – „The Old Curiosity Shop", – am allerbesten für ihn wäre ein gutes englisches oder schweizerisches Jungen-

internat mit Sport und Disziplin, wie es ihm entspricht. *Ich* bin für ihn *nichts*, aber auch ich bin sehr verwundbar (verbal und seelisch), ich fordere von ihm *alles meinem Alter Angemessene*, doch er ist ganz seinem Alter entsprechend: ganz sein Alter.
Nun, soviel. Diesen Brief schicke ich eigenhändig in dem nächsten Städtchen Lavandou ab.
Keine Nachrichten von Ihrer belle-sœur – nein. (Es wäre schön! Aber ich hoffe *nicht* darauf).
Mein „Teufel" (aus der Kindheit) wurde in den Sowremennyje Sapiski [Zeitgenössische Annalen] angenommen, in verkürzter Form.
Geschrieben habe ich wenig. Ich habe meine Gedichte aus den letzten Jahren in Ordnung gebracht. Manchem habe ich den Gnadenstoß gegeben.
Ich küsse Sie und die Kinder und warte auf Ihren Brief.

MZ

19

Vanves (Seine)
33-65, rue J. B. Potin
12. Oktober 1935

NB! 33 ist die *frühere* Nummer, 65 die neue. Schreiben Sie beide, mit Rücksicht auf den Konservatismus der Franzosen.

Liebe Ariadna,
Ich beginne mit einer *dringenden* Bitte: mir die beiden Handschriften 1) le Gars (ein Poem) und 2) Neuf lettres (Prosa), die ein Ihnen bekannter Franzose[1] (ein Sekretär? von irgendeiner Zeitschrift) zur

Durchsicht erhalten hat, zu beschaffen und wiederzugeben.
Ich brauche beide Sachen *dringend* für einen (möglichen) Auftritt in der Schweiz[2] und dann für einen möglichen Abdruck ebendort.
Ich habe *kein* zweites Exemplar, nur Entwürfe, aber diese Sache *eilt*, denn ich muß, um die Einladung zu bekommen, zuerst Material einschicken.
Ich bin verzweifelt bei dem Gedanken, der Franzose könnte sie verloren haben, denn so erging es mir schon im Salon von Nathalie Clifford-Barney[3] (mit denselben Sachen). Ich hatte nichts unternommen (es war alles versprochen! sie hatte einen eigenen Verlag), und sie hat die Texte verloren. (Ich werde Sie – Gott bewahre – nicht mit der Barney in Verbindung bringen! Ich kenne Ihren guten Willen mir gegenüber, doch die Sachen sind bei einem Fremden!)
Ich flehe Sie an.
Wenn die Sachen in diesem Sommer in meinen Händen gewesen wären, wäre der Schweizer Auftritt *sicher* gewesen, ich bin im Süden einer russischen Schweizerin begegnet, Doktor der Philologie an der Baseler Universität, und von ihr hing alles ab, doch *ohne* die Texte konnte und kann sie nichts unternehmen.
– Ich flehe Sie an! – Die Einladungen werden im Laufe des Oktobers gemacht, je früher ich die Sachen schicke, desto besser; eigentlich hätte ich sie schon lange wegschicken müssen, doch ich hatte immer noch gehofft, daß ich noch Kopien bei mir finden würde. Schließlich, nachdem ich alle meine Archive durchwühlt hatte (fünf Tage habe ich gearbeitet!), stellte ich fest, daß ich *alle* weggegeben

habe und *nichts* mehr besitze. Die, die der Franzose hat, sind die letzten.

Aus diesem Brief können Sie ersehen, daß ich in Vanves bin. Der Sommer war herrlich, doch von erzwungenem Nichtstun bestimmt (schriftstellerisch). Nun hole ich das nach. Bei uns sind alle erkältet, es herrscht Kälte und Unordnung.
Ich warte auf ein Echo und küsse Sie. Den Kindern einen herzlichen Gruß.

MZ

Im Süden waren auch die Parains (N. R. F.)[4], und ich konnte meine Prosa hervorragend ordnen (Lettres)[5]. *Schicksalshaft.* Wenn es damit glatt geht, werden wir versuchen, ein Treffen organisieren. Mur ist wegen seines „esprit trop mûr pour son âge“[6] eine Klasse weiterversetzt worden. Er lernt jetzt engl[isch].

20

65 (früher 33), rue J. B. Potin
Vanves (Seine)
18. Oktober 1935

Liebe Ariadna,
Ich bin überzeugt, daß die Operation gelungen ist und daß Butja[1] vor Ihren Augen gesund zu werden beginnt – angefangen vom ersten Püree – so war es bei Mur.
Nur eines: nach der Operation ist ein Verband unbedingt notwendig: *lassen Sie sich nicht einreden*, jetzt sei es „Mode“, keinen Verband zu tragen.

Doch die Mode kann morgen vorbei sein, der (Butjas) Bauch aber bleibt, und es ist wichtig, daß er im allerbesten Zustand bleibt. Alexinskij, eine Leuchte auf dem Gebiet der Appendizitis und ein Virtuose der Operation, hat Bandagen *nicht* vorgeschrieben, doch Mur trug sie – nicht lange – genau einen Monat, nachdem er aufgestanden war, und nahm sie nach Anweisung des Arztes in Favière ab. Vergessen Sie nicht, daß Kinder im allgemeinen hastige Bewegungen machen, und einen Selbsterhaltungstrieb wie die Tiere besitzen sie nicht. Und insgesamt ist es zu unsauber, zu unsicher – ich spreche von dieser Empfindung selbst – ein durch nichts geschützter Bauch nach einem solchen Aufruhr. (Mur hat sich hartnäckig geweigert, den Verband abzunehmen, und er trug ihn noch einige Tage länger – mit Verband ist er bis gegen Ende der dritten Woche herumgelaufen).
Nun, so ist das.
Den Verband muß man bestellen, *genau* nach Maß (nicht zu fest zusammengeschnürt und nicht zu locker gemessen), welchen Verband, sagt man Ihnen im Geschäft, aber denken Sie an Gummizüge (bei Mur waren keine, denn es war Sommer, und niemand trug Strümpfe), sonst rutscht der Verband ständig hinunter.

Die Manuskripte von Juillard habe ich schon bekommen, – ein junger Mann! Er hat sie nicht nur nicht verloren, sondern sogar per Einschreiben geschickt. Jetzt kann ich mich um meine Reise kümmern: sobald ich ihnen meine Prosa über Rilke[2] (1927 „Dein Tod“) geschickt habe – vielleicht finden sie einen Übersetzer: meine Prosa, heißt es,

sei schwierig (NB! – *präzise*)) – ich würde auch selbst übersetzen, doch jetzt, nach zwölf Jahren Frankreich, bin ich physisch dem Deutschen entwöhnt, obwohl ich es im Grunde besser kann als französisch, denn es ist mir vertrauter. (Ich habe gerade bemerkt, daß Juillard von Juillet kommt und nicht von Julie: dann wäre es *Jull*iard...)
Schreiben Sie, wann Sie nach Hause fahren und alles über die Operation und den Verlauf der Genesung.
Ich küsse Sie und die Mädchen, *besonders* das kranke. Mur denkt auch mit freundschaftlichen Gefühlen an sie. Er lernt trotz des Überspringens ausgezeichnet.

MZ

21

Vanves (Seine)
65, rue J. B. Potin (altes Haus, aber neue Nummer)
7. Jan. 1936

Ein gutes Neues Jahr, liebe Ariadna!
Ich warte schon lange auf einen Brief. Die letzte Nachricht von Ihnen war über Butjas Operation, und ich habe sofort geantwortet (nach Belgien) – und nun Schweigen.
Ich hoffe, daß Butja schon wieder ganz gesund ist und in Ihrer Familie keine neuen Krankheiten aufgetreten sind.
Ich warte dringend auf Antwort, einstweilen grüße Sie herzlich und wünsche Ihnen im Neuen Jahr – Neues.

MZ

22

Vanves (Seine)
65, rue J. B. Potin
Donnerstag, 23. Januar 1936

Liebe Ariadna,

Sie sind also am Leben, und alles ist gut.

Ich hatte schon gedacht, Sie seien für immer in Belgien geblieben und habe Ihr Schweigen als ein zynisches à quoi bon?[1] ausgelegt (einmal werden wir uns sowieso nicht mehr treffen).

Nein, so ist es besser: Vaucresson und St. Lazare.

Also, besuchen Sie uns am Sonntag mit dem angegebenen Zug. Ich freue mich von Herzen auf unser Treffen.

Ich habe gerade dieser Tage an die Hartmans mit einer Sie betreffenden Anfrage geschrieben – und geantwortet haben Sie. (Sie wollen uns unbedingt zusammen einladen).

Ich umarme Sie und die Mädchen, Mur sendet einen männlichen Gruß und freut sich sehr auf unser Treffen.

Also, wir fahren mit dem Zug um 11.30 von St. Lazare und steigen in Vaucresson aus.

MZ

Was haben Sie für eine oberflächliche Villa. Besonders angesichts der Nachbarschaft eines *Abts*. Das hat etwas Mautpassant'sches[2].

23

Vanves (Seine)
65, rue J. B. Potin
Samstag, 15. Februar 1936

Liebe Ariadna,
Es tut mir schrecklich leid, aber wir haben am Sonntag zwei Sachen vor: um vier Uhr einen Familienbesuch und um neun ein Konzert – einer Gesellschaft, mit der ich zusammenarbeite (Übersetzungen deutscher und russischer Lieder ins Französische).[1] Deshalb – zwei Sachen sind nicht möglich.
Ein zweiter Vorschlag: könnten wir nicht zu Ihnen kommen – mit Übernachtung? (Mur und ich schlafen in einem Bett – kein Problem). – Verlockend. – Nachdem wir die Kinder zu Bett gebracht hätten, könnten wir den ganzen Abend reden, ohne in Eile zu sein und ohne uns um irgend etwas kümmern zu müssen. Ohne Störung. Wir würden, sagen wir, am Samstag (*oder Mittwoch*) gegen sechs Uhr kommen und am nächsten Tag zur gleichen Zeit wieder abfahren. Antworten Sie bald, und wenn ja, geben Sie einen Zug an. *Wir können an diesem Mittwoch* (Mur hat am Donnerstag frei) *und an diesem Samstag*. Und es ist schrecklich ungemütlich, besonders abends, wenn man noch sitzenbleiben möchte, hinaus in irgendeine Dunkelheit zu gehen.
Aber wenn Sie keinen Platz haben oder es überhaupt ungünstig ist, schlage ich diesen Donnerstag vor (mit dem Zug um 11 Uhr ab Paris) oder den nächsten Sonntag. (Nehmen Sie es nicht als Aufdringlichkeit: ich denke an uns *beide:* Sie könnten

mir vorlesen, was Sie in der letzten Zeit geschrieben haben, überhaupt könnten wir reden – abends spricht und lebt es sich doch ganz anders!)
Also:
1) entweder an diesem Mittwoch oder wenn mit Übernachtung am Samstag um sechs Uhr (schreiben Sie mir die *Abfahrtszeit* des Zuges)
2) entweder an diesem Donnerstag oder am nächsten Sonntag mit dem Zug um 11.30.
Ich warte auf – möglichst baldige – Antwort.
Ich küsse Sie und die Kinder.

MZ

24

Vanves (Seine)
65, rue J. B. Potin
18. Februar 1936

Liebe Ariadna,
Sauf contre-ordre[1] fahren Mur und ich morgen (Mittwoch) mit dem Zug um sechs Uhr und steigen in Vaucresson aus.
Ich träume davon, daß Ihre belle-mère[2] ihre Erholung verschiebt – was kostet sie das??*
Den Mädchen bringe ich ein Geschenk mit – nur sagen Sie nichts, es soll eine Überraschung werden.
Ich umarme Sie und freue mich.

MZ

Bei gegenteiligem Bescheid – am Donnerstag, mit dem Zug um 11.30.

* ça lui fait si peu de peine et à *nous* – tant de plaisir![3]

25

Vanves (Seine)
65, rue J. B. Potin
Freitag, 6. März 1936

Mit Vergnügen kommen wir am Sonntag zu Ihnen (zu euch!), mit dem angegebenen Zug, – doch mit einer großen Bitte: uns die Fahrt – die *Zugfahrt* zu ersetzen – die 4 Metrofahrten können wir bezahlen. Sonst kann dieser für mich untragbare Verlust ein ernstliches Hindernis für unseren Kontakt werden – und das wäre schade! Denn du kennst dein weiteres Schicksal nicht[1], und das Leben trennt öfter, als es bindet...
Warnen Sie die Mädchen im voraus, daß wir *sofort* nach dem Abendessen abfahren, d.h. um halb acht müssen wir im Zug sein: bis zu uns ist es sehr weit, und wir sind nicht vor halb zehn zu Hause.
Aber dann werden sie vielleicht empört sein, daß es „so kurz“ ist... (Im übrigen – es ist immer zu kurz, Zufälle ausgenommen, wenn es sehr lange dauert...)
Also, ich küsse Sie und bitte Sie um Verzeihung für das offene Bekenntnis – meiner Zahlungsunfähigkeit.
Also, am Sonntag um 11.30.
Den Kindern einen herzlichen Gruß.

MZ

Mur weiß noch nichts, aber er wird es erfahren – bis Sonntag!
In einer Arithmetik-Klassenarbeit hat er heute eine 0 bekommen, doch aus irgendeinem Grund bin ich überzeugt, daß sie nicht „gezählt wird“.

Beachten Sie die Briefmarke und raten Sie, was sie darstellen soll.

Ich schicke Ihnen den kleinen Mur (3 Jahre und 1 Monat)

[auf einer Fotografie – d. Hrg.]

Der dreijährige Mur mit der einjährigen Iwetka.
Ein ganzer General mit einem Mädchen aus armer Familie – und nicht einmal eine Schönheit.

Meudon, März 1928

26

Vanves (Seine), rue J. B. Potin
Montag, 9. März 1936 (in Rußland war Frühling!)
Liebe Ariadna,
O weh, o weh, ich habe gestern bei Ihnen mein treues Feuerzeug vergessen – auf dem runden Tischchen neben dem großen Sessel – dort, wo die ewige gelbe gläserne Dämmerung herrscht.
Ich flehe Sie an, stecken Sie es in ein kleines Schächtelchen, das Sie fest mit Watte ausstopfen, damit es nicht verrutscht, und schicken Sie es als échantillon sans valeur, *recommandé*[1].
Das Feuerzeug ist meine rechte Hand, und nicht nur meine – die des ganzen Hauses.

Danke für den wundervollen Tag. Ihre belle-sœur ist bezaubernd: nämlich *belle* und *sœur*[2]. Schönheit + Geist allein verleihen eine schreckliche Dürre, aber das Herz entspannt alles – und entwaffnet.

Ich küsse Sie beide. Wenn O. N. beschließt, am 17. zu Kerenskij[3] zu gehen (er wird auf *alle* Fragen antworten) – bitte ich, mir das sofort mitzuteilen: ich werde Karten besorgen. Ich rate ihr *sehr* dazu – es sind *Ergebnisse* und *geschichtliche Ereignisse* der zwanziger Jahre.
Nur – sofort eine Antwort: die Karten finden reißenden Absatz.

Einstweilen küsse ich Sie beide.

MZ

Mur grüßt Kinder und Erwachsene herzlich: er toupiert sich jetzt am Spiegel verbissen die Haare und versucht dabei, den Kopf bis an die Oberfläche des Spiegels zu bringen: gut, daß er noch nicht weiß, was arachide[4] ist!

27

Vanves (Seine)
Donnerstag, 12. März 1936

Ihr Lieben,
– *Ein Einfall*[1].
Ich möchte am Samstag, den 14., bei euch sein – *allein* – (Mur hat examens trimestrials[2]) – mit dem Zug um 10 Uhr morgens, und 16.30 Uhr zurückfahren. Mit dem Manuskript „Das Lazarett Ihrer Hoheit"[3], das ich Ihnen beiden vorlesen wollte – es ist doch Olga Nikolajewnas letzter Tag (den Abfahrtstag nicht gerechnet)?
Und wir könnten *ernsthaft* über meine Reise nach Belgien sprechen – könnten, wenn auch nur einen

ungefähren, Termin festlegen, könnten uns über das *Visum* verständigen, damit das später nicht die „Erfüllung der Wünsche" (wie beim Kartenlegen) verhindert.
Überhaupt – einen halben Tag zusammen zu verbringen, das wäre schön.
Mir ist das plötzlich in dieser Minute eingefallen, als ich mich hinsetzte, um ein Dankeschön für das Feuerzeug – und nicht nur dafür – zu schreiben. Nur eine große Bitte: kommen Sie mir entgegen, wenn Sie können, ich verirre mich ohne Mur, *er* – ist mein Orientierungssinn[4]: mit Augen und gesundem Verstand.
Ja! Ich habe für O. N. eine *angenehme* Nachricht: eine völlig unerwartete – und sogar ein wenig an Wunder grenzende.
Doch das lieber mündlich.
Ich habe auch zwei *traurige*, jedoch keine persönlichen.

Ich küsse Sie beide.
– Bis Samstag.

28

Vanves (Seine)
65, rue J. B. Potin
12. April 1936, erster Osterfeiertag

„Christus ist auferstanden", liebe Ariadna!
Ich warte auf Nachricht.
Ich hoffe, der Umzug ist vollbracht und beendet, und überhaupt hatte ich große Sehnsucht nach

Ihnen. Gestern bekam ich einen sehr lieben – *herzlichen* und *sachlichen* (und das ist eine große Seltenheit!) Brief von O. N.
Ich denke, mein Autorenabend in Brüssel wird wohl Ende Mai stattfinden.
Ihre Bücher sind heil und ganz. Von ganzem Herzen umarme ich Sie und die Kinder. (Ich habe Ihrem Mann wahrscheinlich sehr mißfallen, – und das ist auch verständlich: ich kam so unerwartet hereingestürmt).
Ich schreibe an Ihre alte Adresse, da ich die neue nicht kenne.
Mur drückt den Mädchen freundschaftlich die Hand. Er hat sie gern.

MZ

29

Vanves (Seine) 65, rue J. B. Potin
Mittwoch, 30. April 1936

Liebe Ariadna,
Bin sehr glücklich, daß Sie sich zurechtgefunden haben. (Sie gehen *immer* verloren!)
Auf der Balmont-Veranstaltung[1] habe ich Hartman getroffen, er fragte sehr nach Ihnen und sagte, er wolle uns sehr gern zusammen einladen, doch seine Frau sei krank (sie war nicht da).

Heute habe ich endlich den Antrag für ein belgisches Visum eingereicht. Es war ziemlich kompliziert, weil erstens das Konsulat abhanden gekommen (d.h. umgezogen) ist, zweitens eine Menge

unvorhergesehener Fragen gestellt wurden: ein ganzer Fragebogen voll Unvorhergesehenem.
Es gab eine komische Episode, die ich Ihnen bei unserem nächsten Treffen erzählen werde.

Nach Brüssel fahre ich (toi, toi, toi!) am 20. Mai – für zehn Tage. Am meisten freue ich mich auf seine Gärten – und seinen Wald. Und – wahnsinnig – auf Brügge, falls ich dorthin kommen sollte. Ich fahre mit dem unvermeidlichen Mur, den ich zu Hause bei niemandem lassen kann, denn mein Haus – das bin ich. (Müßten Sie das nicht wissen???)

Ich hoffe sehr, daß wir uns noch vor meiner Abreise sehen. Was fehlt Wera? Hat sie Grippe?

Der Balmont-Abend verlief, wie es besser gar nicht geht. Ein voller Saal, und alle hörten mit ganzer Seele zu.
Es lasen: Schmeljow[2], ich[3] – Pause – B. Sajzew[4], Poljakow-Litowzew[5], Teffi[6]. Remisow[7] war nicht da – krank. Wieviel eingenommen wurde, weiß ich nicht. Der Anlaß: das 50. Jubiläum seiner literarischen Tätigkeit, der eigentliche Grund war aber, für die Heilanstalt zu sammeln. Vielleicht lese ich meine Sachen über ihn in Brüssel. Seine Frau[8] sagte, Balmont sei bei mir LEBENDIG, und ich habe all das gesagt, was auch sie sagen wolle, sich aber nicht entschließen könne zu sagen.
Für mich ist das die höchste aller Anerkennungen, denn sie hat Balmont das Leben gegeben.

Also, ich werde auf Ihren Ruf warten, bis dahin umarme ich Sie und die Kinder von Herzen. Einen

Gruß Ihrer Mutter und Ihrem Bruder[9], wenn Sie sie sehen.
Mur ist auch sehr froh, daß Sie *(Sie alle)* sich gefunden haben.

MZ

30

Vanves (Seine) 65, rue J. B. Potin
Mittwoch, 6. Mai 1936

Liebe Ariadna,
Ich erwarte Sie also am Freitag, ab 4 Uhr.
Wenn Sie es wirklich aufgegeben haben, den ganzen Salat selbst zu verbrauchen – bringen Sie ihn mit, bitte! wir haben ihn über dem Lesen ganz vergessen, und ich habe es später bereut (où le remords ne va-t-il pas se nicher![1]) – *Und Sirenen!!!* – Ich gebe Ihnen den Großen Meaulnes[2] zurück – *ausgezeichnet.*
Ich umarme Sie und warte.

MZ

Von der Haltestelle Mairie d'Issy, neben dem Café, wo die Autos stehen, ganz hinauf bis zu einem kleinen Platz mit kleinen Bäumchen. Wenn Sie ihn diagonal nach links überqueren, kommen Sie rechter Hand auf die Rue Baudin, Sie überqueren sie und gehen rechts die Av. de Clamart entlang und auf ihrer *anderen* Seite ist sehr bald unser Eckhaus (eine Ruine) – zweite Etage – klopfen Sie.

31

[15. Mai 1936][1]
Liebe Ariadna,
O weh – es tut mir schrecklich leid – aber morgen ist der 77. Geburtstag meines lieben Sergej Michajlowitsch Wolkonskij, der nun schon anderthalb Monate mit einem Oberschenkelbruch in der Klinik liegt. Gebe Gott – er möge *irgendwann* wieder aufstehen![2]
Ich soll am 20. fahren, habe aber noch kein Visum.[3] Ich habe gestern und heute an Olga Nikolajewna geschrieben mit der Bitte, *von dort aus* Druck auszuüben, denn von *meiner* Seite ist alles getan worden.
Wir werden uns erst *nach* meinem Belgien sehen, denn jetzt werde ich 1) die Manuskripte, 2) Mur und mich – wenn auch nur annähernd – in einen endgültigen Zustand bringen müssen.
Ich küsse Sie, und es tut mir leid. Mur habe ich nicht einmal etwas gesagt von der Einladung – um ihn nicht zu enttäuschen.

MZ

32

Donnerstag, 28. Mai 1936
Liebe Ariadna, – mit Freuden. Eine Menge Eindrücke und viel zu erzählen, ich habe Sehnsucht nach Ihnen und hätte längst geschrieben, doch in Brüssel war die ganze Zeit Hetze[1], denn es war nur eine Woche – für *alles.*
Also, bis Sonntag, mit *unserem* Zug.

Ich umarme Sie, Gruß an die Kinder.

MZ

33

Vanves (Seine) 65, rue J. B. Potin
Montag, 1. Juni 1936

Liebe Ariadna,
Eine große Bitte: ich habe gestern mein rotes Heft, aus dem ich vorgelesen habe, bei Ihnen vergessen (ein Schulheft, auf der ersten Seite Lettre à l'Amazone, – auf dem Tischchen), und sofort nach meiner Rückkehr erhielt ich einen Brief der Schachowskaja[1], in dem sie um schnelle Zusendung des Manuskripts bittet, um es dem Journal des Poètes zu zeigen. Deshalb bitte ich Sie *sehr*, mir möglichst sofort das Heft zu schicken (*recommandé*, denn ich habe nur den ersten Entwurf, und vieles ist im Prozeß des Abschreibens *dazugekommen*). Ich wäre Ihnen sehr dankbar. (Freud sagt, daß man einen Gegenstand bei jemand anderem vergißt, um nicht vollständig wegzugehen. In einer solchen Vergeßlichkeit liegt – vor allem – *Vertrauen*).
Wollen Sie am Samstag zu uns kommen? Wenn möglich – gegen vier Uhr, damit wir etwas mehr von Ihrem lesen und durcharbeiten können, – nehmen Sie einen beliebigen Ausschnitt: es geht um das *Prinzip*. Wenn Sie sich nicht verspäten, gehen wir mit dem Heft in den nahegelegenen Park oder auf den Wall. Von O. N. ist nichts gekommen, Schachowskaja hat sofort geschrieben,

sie schwärmt sehr von meinem französischen Büchlein, drängt jedoch wegen des Manuskripts, deshalb bitte ich Sie nochmals, liebe Ariadna, schikken Sie es sofort ab, warten Sie nicht bis Samstag, denn ein-zwei Tage werden für die endgültigen Korrekturen nötig sein.
Ich küsse Sie und erwarte Sie am Samstag gegen vier Uhr.

MZ

P. S. Schicken Sie mir bitte die Adresse und die genaue Schreibweise des Nachnamens von Lucien[2] (de Neck? Denek? oder noch anders?). Ich möchte mich bei ihm nach dem Schicksal meines zweiten Manuskripts erkundigen, das ich bei ihm gelassen habe – ich habe wie ein Kuckuck meine Nestvögel verteilt –, und ihm von Ihnen, von unserem freundschaftlichen Gespräch über ihn erzählen – es wird ihn freuen. Er ist *auch* ein Nestling (wie meine Manuskripte!)

34

Vanves (Seine) 65, rue J. B. Potin
5. Juni 1936

Liebe Ariadna,
ich freue mich von Herzen auf unser morgiges Treffen, – überlegen Sie es sich nur nicht anders!
Eine große Bitte: bringen Sie uns morgen Salat und überhaupt Grünes mit – was Sie können: wir sind alle Grünzeug*esser* und sogar -fresser, mit einem Wort: jegliches Grün ist willkommen[1].
Ich habe einen Brief von O. N. bekommen – sach-

lich und, wenn Sie wollen, auch persönlich. Sie schreibt von ihrem Kummer. Diese Frau ist verschlossen (von sich selbst aus) mit sieben oder vielleicht sieben mal sieben Schlössern. Wenn ich schon nicht ihren Mund – und ihre Gefühle zu öffnen vermag...
und ein unerwarteter Schluß:
... vermag es nur der, in den sie sich verliebt – *wenn* sie sich verliebt.

Der Weg zu uns: von terminus Mairie d'Issy neben dem Café mit den Parkplätzen hinauf, ganz hinauf bis zu einem kleinen Platz mit (*jungen*) Bäumchen, diesen diagonal nach links überqueren und die erste Straße rechts: Baudin, die Baudin ganz entlanggehen, dann trifft man auf die Av. de Clamart, auf der man ein Stückchen nach rechts geht, unsere Straße ist die erste links (NB! man muß die Straße überqueren), unser Haus (eine Ruine) steht an der Ecke und trägt eine kleine Tafel mit dem Straßennamen. Nehmen Sie einen Zettel und folgen Sie *so* der Beschreibung, ohne jemanden zu fragen, denn es gibt einen anderen Weg, doch er dauert *eine Stunde.*

Nehmen Sie ein *beliebiges* Manuskript, denn es geht um das Prinzip. *Das ganze Problem* liegt bei Ihnen in der Verschärfung des Epithetons und der Vermeidung *allgemeiner*, naheliegender Bilder und Wendungen. Doch das kann man nur an einem Beispiel zeigen. Außerdem – die meisten der schreibenden Franzosen schreiben, ohne nachzudenken – o je, gerade in dieser Sprache – so daß ich Sie „fordere" – aber nicht als Franzosen.

Mit einem Wort, ich freue mich sehr und warte. Und erinnere bescheiden an den Salat. Den Kindern einen herzlichen Gruß.

MZ

Vielen, vielen Dank für das Zusenden der Amazone[2]. Ich werde sie ganz schnell abschreiben.

35

Vanves (Seine) 65, rue J. B. Potin
Sonntag, 7. Juni 1936

Liebe Ariadna,
Bei mir sind *alle* Tage dieser Woche belegt[1]: mal ab vier Uhr, mal ab sieben, d.h. nicht ein größerer ruhiger Zeitabschnitt ist zu erwarten – den folgenden Sonntag inbegriffen.
Also, von Montag, dem 15. an – *wann* Sie wollen, nur geben Sie sofort Bescheid, doch so – ich weiß nicht, was mit meinem Leben geschehen ist – ununterbrochenen Einladungen und *Auf*ladungen, ich will, daß uns niemand stört, weder mit einem Manuskript noch überhaupt.

Ich habe an Lucien geschrieben. Es ist angenehm, einem Unbekannten zu schreiben: alle Möglichkeiten sind offen.
O. N. (Dativ) habe ich auch geschrieben, – vielleicht zu schroff. Ohne zu wissen, woher der Kummer rührt, was wehtut – kann ich nicht helfen. Und noch dazu angesichts der Ungerechtigkeit, einem *Haus* zu dienen. (Wenn wir uns treffen, erzähle ich Ihnen Genaueres).

Liebe Ariadna, Sie haben völlig recht: die Ereignisse stehen nicht in unserer Macht[2], und am besten ist es, sich *Stoizismus* anzueignen. Das ist manchmal *richtiger* als Kerosin und Qualen. *Ehrenwort.*

Doch wovor sollten wir uns fürchten, die wir die russische Revolution überlebt haben. Hier kann es *so etwas nicht* geben: *alles* wird *leichter.*

... Die Taktlosigkeit der Erwachsenen und sogar der Alten, die nicht begreifen, daß ihre *Befürchtungen* für Kinder *schrecklich* sind. Nehmen Sie sich in acht.

Ich küsse Sie und warte auf Nachricht und auf Sie selbst – von Montag, dem 15. an.

Die Sie liebende

MZ

36

Vanves (Seine) 65, rue J. B. Potin
Samstag, 13. Juni 1936

Liebe Ariadna,

Ich erwarte Sie mit großer Freude *am Dienstag*, denn den Montag hat mir schon ein junges Ehepaar belegt, beide schreiben, – so daß wir uns nicht so, wie es sein sollte, unterhalten und unsere *eigenen* Sachen lesen könnten.

Also, am Dienstag um vier Uhr, – hoffentlich bei schönem Wetter, dann gehen wir in den benachbarten Park, wo es sogar einen Pfau gibt (einen einzigen!).

– und sonst setzten wir uns so hin.* Kommen Sie für länger, zum Essen, ich werde mich bemühen, Sie gut zu bewirten. Aber sagen Sie auf keinen Fall ab. Wegen Donnerstag verabreden wir uns mündlich.
Ich küsse und erwarte Sie, nehmen Sie die Wegbeschreibung mit.

MZ

Ich werde Ihnen meine Übersetzungen der Lieder aus dem Gelage während der Pest und den Propheten[1] für eine belgische Anthologie 1937 vorlesen.
P. S. Das Blatt ist, wie sich zeigte, von der anderen Seite beschrieben – Verzeihen Sie![2] Doch es ist keine Zeit mehr zum Abschreiben, denn Alja fährt gleich in die Stadt und schickt den Brief ab.

Und ich werde mich noch über Lucien beklagen.[3]
– Schon?
– *Ja.*
Mit einem Wort – ich warte in jeder Hinsicht.

37

Vanves (Seine) 65, rue J. B. Potin
Dienstag, 23. Juni 1936

Liebe Ariadna,
Ich habe für Sie – für uns beide – einen Plan, ich weiß nicht, ob er Ihnen zusagen wird.

* – u n b e p f a u t...

Es geht darum, daß ich wahnsinnig gerne – so wie selten etwas auf der Welt – jenen chinesischen Ring haben möchte – den Froschring – Ihren – der sinnlos und unbestreitbar auf dem lackierten Tischchen lag. Ich hatte so gehofft (das *unter uns*, ich bin *ganz* offen zu Ihnen, doch OFFENHEIT fordert VERSCHLOSSENHEIT) – also, ich hatte so gehofft, daß O. N., unter dem Imperativ meiner Begeisterung, ihn mir zu guter Letzt schenken würde, ich würde – mein ganzes Leben lang – Dinge und Bücher verschenken, wenn ich sähe, daß sie einem Menschen *nötiger* und *angemessener* sind als mir, doch sie hat nichts bemerkt, d.h. ich war erfüllt von seiner Gesetzmäßigkeit und sogar Vorbestimmung für *meine* Hand (ich habe keinen schönen Hände, aber auch der Ring ist nicht „schön", aber – mieux oder pire[1] – ich trage Ringe nicht zur Verschönerung meiner Hände, sondern aufgrund *ihrer* Schönheit und zu *meiner* Freude) – doch sie hat nichts bemerkt, weil sie anders ist, und Dingen steht sie nicht „leidenschaftlich", sondern nüchtern gegenüber – also, um auf den Frosch zurückzukommen (auf dem Land nennt man sie *ljagwa* [Augmentativum von *ljaguscha* = Frosch – B. E.]).
Wenn Sie auf irgendeine Weise diesen Ring für mich bekommen könnten (denn Sie hätten ihn mir geschenkt – wir sind aus *einem* Holz), gäbe ich Ihnen dafür – und nun hören Sie aufmerksam zu und sehen Sie in Gedanken:
ein großes, doppelreihiges Halsband aus dunkelblauem, fast nachtblauem Lapislazuli, bestehend aus einer Reihe ovaler Medaillons, die durch eine Lapislazulikette verbunden sind. Gerade habe ich zusammengezählt: sieben Medaillons, in der Mitte

ein großer (der sich unter die Halsgrube legt), dann parallel kleiner werdende

[dem Brief ist ein Faksimile des Originalbriefs beigefügt, der eine Zeichnung der Kette und der Medaillons enthält. Dazu die „Legenden“ – B. E.]:

doch beide sind *etwas* kleiner als auf der Zeichnung, denn ich habe nur *skizziert*.

die Skizzen zeigen die *tatsächliche* Größe.

Ein massiver, kühler, altertümlicher Schmuck – und von seltener Schönheit: von solcher Seltenheit, daß ich ihn in den zehn Jahren Paris (an einem meiner Lesungsabende) nur einmal umgelegt habe, denn:
ein *Oval* verlangt nach einem *Oval*, und mein Gesicht ist eher rund, selbst wenn ich sehr abmagere
so ein klares *Blau* verlangt blaue oder wenigstens graue Augen, und ich habe grüne – manchmal auch gelbe
so eine Nähe zum Gesicht (die erste Reihe geht bis an den Hals, die zweite liegt oben an der Brust) verlangt *gezwungenermaßen* Schönheit – und die besitze ich nicht
Doch der Schmuck sah selbst an mir so gut aus, daß – alle sofort meine Gedichte verstanden, weil sie nicht zuhörten, sondern nur auf mich (auf ihn!) schauten –
Auch der alte Fürst S. Wolkonskij – als er die Blikke sah! alle die auf die Schönheit gerichteten Blikke...
Es ist eines der schönsten Dinge, die ich in meinem Leben gesehen habe.
– C’est quelque chose.[1]

Ihnen ist dieser Schmuck vorbestimmt. Er ist so sehr *Ihrer, Sie,* wie dieser Ring *meiner* und ich ist.

Sie haben ein Gesicht wie auf einem Portrait, sogar das eines Portraits, und der Schmuck ist aus einem Portrait. Sie sind ihm absolut ähnlich.
Und wir würden nur tauschen, richtiger – wir würden die beiden Dinge an ihren wirklichen Platz zurückbringen.
Verkaufen könnte ich meine Schönheit nie, ich würde sie eher in die Erde eingraben – für die, die nach mir kommen.
Und Alja schenken? Aber Alja geht mit Gegenständen (und nicht nur mit Gegenständen!) so nachlässig um, – ich habe ihr irgendwann einmal, unter *vielem* anderen, eine wundervolle große Silberkette geschenkt – jede Perle ist *anders* – an einer Kette, sie hat die Kette zerrissen, die Hälfte nach und nach verloren – egal. Am Anfang habe ich ihr gesagt: sammle sie ein, fädle sie auf. – Ja, ja. – Und so sagte sie *fünf Jahre hintereinander:* ja, ja. Meine Ringe trägt sie auch nicht, – sinnlos.
Ich gebe Dinge gern in die *richtigen* Hände.

Doch nun das Wichtigste:
Wie kann man ihnen den Ring abringen (den sie *nicht* brauchen, – es ist ein Gegenstand unter vielen anderen).
Wenn Sie, *ohne einen Ton von dem Tausch zu sagen,* einfach O. N. sagen (schreiben) würden, daß ich mich in den Ring *verliebt* habe und daß Sie ihn mir sehr gern schenken würden

– würde sie ihn Ihnen geben?

Oder bitten Sie Ihren Bruder? Wenn, dann ihn. Und schlagen Sie ihm etwas zum Verkauf dafür vor. (Doch *was* hätte er gern? er hat doch *alles*).

Wie wäre das wunderbar! Sie hätten das Halsband und ich den Ring.
Das Halsband – eben halte ich es in der Hand – ist kalt wie Eis, *an der Kälte kann man den echten Stein erkennen.* (Ein Symbol!)
Und ich würde Ihren Ring niemals mehr abnehmen.
(Es ist ein *Fingerring*)
Mit einem Wort, denken Sie darüber nach.
Und antworten Sie ganz schnell, denn ich befinde mich in leidenschaftlicher Ungeduld oder vielleicht auch in ungeduldiger Leidenschaft.

Ich habe den Curé de campagne[2] gelesen. Ein düsteres Buch: *alle* sterben oder kommen um. Nirgends kann man seinem Herzen Luft machen. Und dieses ganze Blut.
Ich habe von Anfang an den Krebs vorausgeahnt – und Sie?
Dieses verunglückte[3] bordeaux+Blutspucken, alles in einer braun-schuldig-blutigen Farbe. Und der niedrige Himmel. Und das Wasser unter den Füßen. Etwas Düstereres habe ich noch nicht gelesen.
Arm sind sie – alle!
Ich hoffe, mich bei den Petits Enfants Bleus (wie das Halsband – nein, das ist blauer!) ein bißchen zu erholen.

Ich werde bald wegfahren. Mur hat am 28. eine Schulfeier, und am Abend vorher werde ich in irgendeinem Ort im Wald und am Fluß – eine Stunde von Paris – ein Zimmer ansehen fahren.[4]
Wer weiß, wenn ich eine Unterkunft finde, können

Sie vielleicht zu uns kommen für einen ganzen blauen gesegneten endlosen Wald-Fluß-Tag?
Ich küsse Sie und warte auf Antwort.

MZ

P. S. Von Lucien kein Ton[5], und so wird es auch bleiben: alle Fristen sind verstrichen! *Abgeschickt am 3. Juni* (und heute ist der 23.). Es wäre gut herauszufinden, ob es angekommen ist. *Um seinetwillen* wäre es gut.
(Ich *habe mich daran gewöhnt*).

38

Vanves (Seine) 65, rue J. B. Potin
Sonntag, 28. Juni 1936

Liebe Ariadna! Ich habe nur einen Ring gesehen: mit einem *farbigen* (mir schien – einem grünen) Frosch, also *nicht* Ihren. Einen massiven Silberring mit einem Frosch habe ich *nicht* gesehen – weder an Händen noch auf Tischen –, und plötzlich ist er nicht mehr da?? (Verschenkt, verloren usw.) In unserer Familie gibt es einen ganzen Roman mit Ringen: Meine Mutter[1], etwa sechzehn Jahre alt, fuhr mit einem Dampfer zu der Stelle, wo Ludwig II. von Bayern umgekommen war, und als sie deutlich Musik unter Wasser hörte (alle frühstückten in der Kajüte, sie war *allein* auf Deck, und die Musik war *für sie*), warf sie ihren ersten Ring, den sie von ihrem verehrten und sie verehrenden Vater geschenkt bekommen hatte, zu ihm hinunter, d.h. ins Wasser.
Meine Schwester Asja[2], ebenfalls etwa sechzehn,

warf als Antwort auf irgendein Wort ihres achtzehnjährigen Mannes (er starb mit einundzwanzig), ein Wort, das einen Abgrund des Nichtverstehens, tiefer als jener See, auftat, in meinem Beisein *ihren* ersten Ring – *sein* Geschenk – von ihrem Finger aus dem Fenster eines D-Zuges weit hinaus in die grüne Steppe von Cherson.

Und ich habe *das ganze Leben lang* geschenkt: an *alle* Hände gesteckt, das war *meine* angeborene Geste, wenn wir uns sehen, erzähle ich es – *zeige* es und zähle es auf. Und *alle* haben sie verloren: der eine hat ihn seiner Braut geschenkt, einer hat ihn sogar entzwei gesägt (und es hat sich nichts ergeben). Doch mir hat anscheinend niemand einen geschenkt. Nein, eine Frau, Tanja, deren Mann mich geliebt hat[3] (aber nicht er hat ihn mir geschenkt – sie).

Um auf den Frosch zurückzukommen: wenn der Ring mit dem *nicht* blauen Frosch, Ihrer, folgendermaßen ist: männlich, einfach, schwer, *kein* objet de luxe, sondern de nécessité und sogar – de peine,[4] – dann möchte ich noch leidenschaftlicher *ihn* haben, wenn er nur *lebendig* ist, denn ich habe ihn nicht gesehen, und – ich habe Mur gefragt – an der Hand Ihres Boris[5] war er nicht – da war nur „so ein – ein gelber gewöhnlicher *Ehering*" (Mur).

Wunderbar, daß man O. N. nicht wird aufregen und ihre Gefühle mir gegenüber erforschen müssen.

Aber wie werden Sie das Ihrem Bruder erklären?? Mit einem Mal wird er mich zu hassen beginnen. War am Sonntag zu Besuch – und hat noch den Ring weggenommen! Und weigert sich plötzlich –

mit einem Mal habgierig geworden (ich scherze), ihn herauszugeben? Beginnt ihn zu tragen, ohne ihn abzunehmen? Verliebt sich? Er verläßt Frau und Kind und reist nach China? Kommt nie mehr zurück? Wird ein Weiser mit schlaffem Mund? Ein chinesischer Heiliger? Und an allem schuld bin – ich.

Zu Donnerstag. Am Donnerstag muß *ich unbedingt* um neun Uhr abends zur convention bei einem befreundeten Paar (er ist *Deutscher*) sein, ich habe es *hoch und heilig* versprochen, und verschieben kann ich es nicht, denn es ist das letzte Treffen vor ihrer Abreise. Das heißt, ich dürfte auf keinen Fall später als sechs Uhr von Ihnen abfahren, vielleicht auch um halb sechs, denn zu Hause muß ich noch Mur versorgen und ins Bett bringen, mich umziehen usw. und mich überhaupt beeilen. Das bedeutet, liebe Ariadna, bereiten Sie die Kinder darauf vor, daß wir nicht wie gewöhnlich, bis zum Abend bleiben, auch ich werde es Mur vorher sagen, damit er nicht traurig ist.
Also, mit dem Zug um 11.30, am Donnerstag.

Und Ihren Lapis werde ich *nachts* tragen, wegen seiner Schönheit, und überhaupt ist es angenehm – daß niemand ihn sieht! Ich werde ihn mit meinen Träumen – und für meine Träume – erwärmen, so wird er ganz mein werden, denn im Traum bin ich in vollkommener Freiheit: le moi du moi[6].
Nun auf Wiedersehen. Ich schreibe um sieben Uhr morgens, Mur schläft noch, von den anderen gar nicht zu reden, denn wenn Mur schläft, schläft das ganze Haus.

Ich bringe Ihnen noch eine Übersetzung mit: „Für die Ufer des fernen Vaterlandes“[7], ich habe sowieso den Traum, *alle* meine Lieblingsgedichte von Puschkin zu übersetzen, – die, die ich *am allerliebsten* habe.
Ich umarme Sie und freue mich auf unsere Treffen.

MZ

39

Vanves (Seine)
65, rue J. B. Potin [29. oder 30. Juni][1]

Liebe Ariadna,
Das Schicksal ist entschieden gegen unser letztes Wiedersehen (dieser Tage fahre ich weg), doch wir werden uns sehen – dem Schicksal zum Trotz; wir sehen uns aber trotzdem am Donnerstag, nur für noch kürzer, denn ich muß unbedingt um *fünf* Uhr wegen Reiseangelegenheiten in der Stadt sein, d.h. muß spätestens um vier von Ihnen wegfahren. Aber sonst sehen wir uns gar nicht, denn ich muß das ganze Haus aufräumen, packen usw.
Doch ich glaube daran, daß Sie zu mir kommen werden, allerdings ist die Fahrkarte auch teuer (21 Francs aller et retour[2], hinter Fontainebleau, an zwei Flüssen).
Also – bis Donnerstag, wenn auch nur kurz.
Ich küsse Sie, einen herzlichen Gruß an die Kinder von uns beiden.

MZ

40

Moret-sur-Loing S. et M.
18, rue de la Tannerie, chez Mme V-ve Thierry
Mittwoch, 8. Juli 1936

Liebe Ariadna, gestern bin ich bei Gewitter und Regenguß mit Mur nach Moret[1] gefahren. Nachdem wir die Sachen abgeladen hatten, gingen wir in ein Café, und als wir hinauskamen, waren die ganzen Straßen in tiefe, reißende Bäche verwandelt. Während Mur nur staunte und sich entrüstete, zog ich mir schnell die Schuhe aus und ging voran, im mehr als knöcheltiefen Wasser, wobei ich mich an den Mauern der Häuser festhielt, denn die Flut hätte mich weggetragen (dasselbe mußte natürlich auch Mur machen – doch wie er da schimpfte! – „Alle lachen von den Fenstern aus über uns... Sie denken, daß wir *immer* barfuß gehen"... usw. Überlegungen eines Städters).
Die Unterkunft ist sehr behaglich und sauber, ein stilles Sträßchen, direkt an der Kirchenwand (der Rückwand). Die Umgebung ist von einer seltenen Schönheit: zwei Flüsse – die Loing und die Seine – der nahe Wald (es gibt auch Kiefern), Hügel... Wir haben schon zwei Spaziergänge gemacht und heute *unsere eigenen* Butterpilze gegessen.
Läden gibt es im Überfluß: eine ganze Straße von Kooperativen und alle möglichen Familisters[2]. Die Preise sind nicht höher als in Vanves. Mit einem Wort, der Alltag ist organisiert, d.h. fast beseitigt.

– Hinter dieser Kirche wohne ich, und ich habe *meine eigene* Chimäre und Mur auch: wir wohnen fast unter ihnen. Die Kirche wurde 1166 begonnen, d.h. vor fast 870 Jahren, d.h. 30 vor *900*. Die Bevölkerung ist freundlich; hier ein Ausspruch Murs: – Wie komisch: woher kommt es, daß es in alten Städten so viele alte Leute gibt? Wahrscheinlich werden sie in Paris *zerquetscht* (NB! von den Autos). Diesen Ausspruch las ich, ohne die realistische Erwägung, nicht bei Baudelaire und nicht bei Verhaeren, – doch auf jeden Fall bei irgend jemandem, den Mur *nicht* gelesen hat.[3]

Schreiben Sie von sich. Ist N. O.[3] gekommen – und für wie lange? Sind die Examina der Kinder beendet – und mit welchen Ergebnissen? (Mir scheint es schon, als hätten wir uns hundert Jahre nicht gesehen). Und das *Mandat??*
Tragen Sie das blaue Halsband und gefällt es Ihnen ebenso wie mir? Hat sich O. N. zu dem Ring geäußert – und gibt es irgendeine Hoffnung??!!
Mit einem Wort, schreiben Sie mir alle Ihre Neuigkeiten. Und *unbedingt, wann* (ungefähr) Sie zu mir kommen wollen. Am besten *nicht* am Sonntag (wenn das auch günstiger ist), aber sonntags sind bei mir – eben deshalb – *immer* viele Leute, und *nichts* gelingt, wenn man das allgemeine sonntägliche Ankunftsgedränge am Fluß nicht berücksichtigt.
Schreiben Sie unbedingt, wann ungefähr Sie kommen können und ob mit Übernachtung.
Wir könnten in dem nächtlichen Städtchen spazierengehen – am Ufer entlang – unter den Chimären und zusammen mit Geistern.

MZ

41

Moret-sur-Loing (S. et M.)
18, rue de la Tannerie, chez Mme V-ve Thierry
15. Juli 1936

Liebe Ariadna, ich habe heute einen Brief von O. N. bekommen – schon hierher, offensichtlich hat sie meine Adresse von Ihnen, d.h. Sie haben meinen Brief bekommen. Von O. N. habe ich erfahren, daß Ihr Mann *zu guter Letzt* doch zurückgekehrt ist[1] – ich freue mich für Sie, vielleicht haben nun Ihre Nöte ein Ende.

Anscheinend hat O. N. mir schon vor 12 Tagen geschrieben – ich habe nichts bekommen, obwohl ich damals noch in Vanves war. Ich weiß nicht, was in jenem Brief stand, in diesem – kein Wort von dem Ring. Vielleicht hielt sie es nicht für nötig oder gar für möglich, *mir* darüber zu schreiben, weil sie meint (so ist es ja auch), das sei Ihre Angelegenheit? Ich möchte sehr gerne wissen, ob er sich gefunden hat oder nicht, und ob sie Ihnen etwas geschrieben haben – und *was*??? (Ich schlafe und sehe ihn im Traum, *Ehrenwort!*)

Wir leben im Regen – und haben uns daran gewöhnt. Gestern war Markttag (einmal in der Woche). Und gestern war auch der 14. Juli. (Das erste Mal für mich, das zweite für Mur). Zu beiden Feiertagen (Sonntag und gestern) kam Besuch. Hier kann man wundervolle Spaziergänge machen, jedoch nicht baden, trotz der *zwei* Flüsse.

Melden Sic sich – dann schreibe ich einen richtigen Brief. Einstweilen küsse ich Sie und sende Ihnen beste Wünsche

MZ

Mme A. de Berg
14, Av. de Brézin
Garches S. et O.

42

31. Juli 1936
Liebe Ariadna,
Ich schreibe in der letzten Moret'schen Minute – von der Furcht gepackt, Sie könnten plötzlich, ohne vorherige Mitteilung, kommen – und wir sind nicht da!
Wir fahren wegen der fürchterlichen Feuchtigkeit ab: zweier Flüsse, des Hauses, des Himmels und der Erde – und hauptsächlich wegen eines Verdachts – bei Mur – auf Rheumatismus: mal tut ihm das eine Bein weh, mal das andere, manchmal so, daß er hinkt.
Aus Vanves werde ich Ihnen über mein weiteres Schicksal schreiben: möglich, daß ich in die Berge fahre – es gab eine Einladung, doch sie muß noch überprüft werden, und vor allem muß ich Geld für die Fahrkarten auftreiben.
Wenn Sie sofort schreiben, erreichen Sie mich noch in Vanves (wir fahren, *wenn* (toi, toi, toi!) nicht vor dem 4./5.).
Bis dahin küsse ich Sie und die Kinder; verzeihen Sie, daß ich mich nicht früher gemeldet habe, doch die Unumgänglichkeit, über das weitere (oder nä-

here Schicksal) entscheiden zu müssen, hat mich gehindert.
Ich schreibe auf geschnürten Bündeln (littéralement)[1]. Mir tut es leid um dieses wunderbare Städtchen, wo ich mich so wohl gefühlt und so wunderbar gearbeitet habe.
Ich warte auf baldige Nachricht, – wie steht es um die Gesundheit Ihres Mannes, und wo ist er – und was wird weiter, kommt er euch und, vor allem – Ihnen näher? Arbeiten Sie?
Einen herzlichen Gruß Ihren Eltern und Ihrem Bruder. Wie steht es um die Gesundheit Ihres Vaters?

MZ

Von O. N. erhielt ich einen langen freundlichen Brief – schon vor längerer Zeit.

65, rue J. B. Potin
Vanves (Seine)

43

St. Pierre-de-Rumilly, Haute Savoie
Château d'Arcine
28. August 1936, russische Mariä Himmelfahrt

Liebe Ariadna! Aber ich habe Ihnen als letzte geschrieben – aus Vanves, sofort nach Moret.
Wie Sie sehen, bin ich in Savoyen (mit Mur) – in einem echten feudalen Schloß aus dem 13. Jahrhundert[1], für mich leider zu gut erhalten, der vom Menschen bestimmten Gestalt des Lebens zu sehr angepaßt – es gibt auch Wasser und Strom und – o je! Mobiliar, das zwar nicht neu ist, aber eben nicht

das, aber ich habe mich auf den Dachboden verkrochen, in ein von niemandem geschätztes Zimmer, das einer Höhle ähnelt, mit einem winzigen Fensterchen, durch die ganze Dicke der Wand geschlagen, und einem Steinfußboden aus pierre de taille – und hier bin ich selig, d.h. ich schreibe jeden Morgen. Mur schläft hier nur, er treibt sich den ganzen Tag mit einem um ein Jahr jüngeren Jungen und einem um fünf Jahre jüngeren Mädchen herum (wie Ihre Wera) – unter der Aufsicht eines fünfzehnjährigen Jugendlichen.

Das Wetter ist seltsam – aber gerecht.

Doch, o weh, Begleiter für Spaziergänge gibt es nicht, alle fahren mit dem Auto, mal nach Chamonix, mal nach Annecy, aber ich brauche einfach Berge, ohne Namen und – vor allem – ohne Gesellschaft. Deshalb gehe ich allein, nicht besonders weit, denn ich verliere nicht nur das Gefühl für die Richtung, ich habe mich schon bei meiner Geburt verirrt. Ich pflücke Nüsse, das einzige, was es hier im Überfluß gibt, denn die Früchte sind eingegangen – alle.

Ich schreibe ein wenig an eigenen Sachen. Übersetze Puschkin.

Ich warte sehr auf Nachricht von Ihnen – über Sie, über Ihre Arbeit, Ihre Pläne, die Kinder. Werden Sie nicht faul! Ich werde wahrscheinlich noch etwa zehn Tage hierbleiben.

Mur grüßt die Mädchen – und Sie natürlich.

Und ich umarme Sie

MZ

44

Vanves (Seine) 65, rue J. B. Potin
30. September 1936

Liebe Ariadna,
Warum haben Sie sich nicht einmal gemeldet – den ganzen Sommer über keinen Laut von sich gegeben? Ich habe Ihnen zweimal geschrieben: aus Moret und aus Savoyen. Ging es Ihnen so schlecht, daß Sie nicht einmal Lust hatten, *mir* zu schreiben??
Am 20. sind Mur und ich aus Savoyen zurückgekommen – und ich hatte so auf eine Nachricht von Ihnen gehofft, doch anstatt von Ihnen bekam ich endlich (nach vier Monaten!) Nachricht von Lucien, doch wenn Sie wüßten, was für eine: Chère Madame – und pardonnez – und enchanté – in dieser Art, und was alles, im Grunde, für wunderbare Worte und Dinge: chère und ma dame (Dame!) und pardon und enchantement[1], doch den Menschen ist nicht gegeben, sich *klarzumachen*, was sie sagen! Und auch nicht – zu fühlen.
Also, liebe und *untreue* Ariadna, wie Sie sehen, bin ich nicht verärgert, sondern vertraue und hoffe (gestern gleich war dieser dreifache Feiertag)[2].
Wenn Sie heute, am russischen 18. September, Namenstag haben, gratuliere ich mit den besten Wünschen.

MZ

Mur geht morgen in die Schule, und wir haben gestern ein Pud Hefte gekauft – wir konnten sie kaum schleppen.
Er grüßt Sie und die Kinder sehr.

45

Vanves (Seine) 65, rue J. B. Potin
12. April 1937

Liebe Ariadna[1],
Ich kenne Ihre Adresse nicht und schreibe an Olga Nikolajewna. Von ihr weiß ich, daß Sie bereits zu Hause sind, weiß von der Krankheit der Kinder – ich erinnere mich, wie der zweijährige Mur die Ärztin wegjagte – Geh weg, du ekelhafte *Rötel!* aber sie begriff nicht und stimmte ihm bei: – das ist ein Junge! So muß man Krankheiten verjagen! Doch trotzdem schade, daß in den ersten Monaten Ihres neuen Leben eine solche Komplikation eingetreten ist.
O. N. schreibt, daß die Wohnung nicht groß, aber schön und freundlich ist (und ich habe eine kleine und *un*freundliche! Ich träume von einem Umzug: der dritte Ofen-, der Dreiofenwinter hat den Rest gegeben – jeden Morgen habe ich auf den Knien zugebracht, beim Reinigen und Durchschütteln), und ich erinnere mich immer noch an Ihre Gärten, die sich in mir zu einem einzigen vereinen: zu einem riesengroßen, – ich habe sie wohl miteinander verbunden, und vielleicht auch vergrößert.
Wie gut erinnere ich mich an einen unserer Spaziergänge – vielleicht war es der letzte – es wurde Abend, Sie zeigten mir die jungen Bohnen, dann gaben Sie mir Rosen, und das Haus war schon ganz dunkel. Das Wort Garches[2] hat für mich immer einen magischen Klang, für Sie nicht, das kann nicht sein, denn dort ist Ihr *Leben* abgelaufen, ich aber bin in irgend jemandes Schlaf gefallen, ein

bißchen wie die Domaine sans nom[3] – und dort haben Sie ihn (den Meaulnes) mir auch gegeben... (Nicht wahr, Meaulnes, son grand rêve[4] – das ist ein Stückchen *unseres* Lebens? Mit *uns* war es so. Das *Ich* (im Buch) ist nur unerträglich, wenn es nicht da ist. Wenn es da ist – ist es ein besseres Wort und ein Name).
Schreiben Sie, Ariadna, ohne sich über besonders lange Pausen Sorgen zu machen, – ich werde sie nicht nachzählen, sondern Rücksicht nehmen.
Ich habe eine große Bitte an Sie, werde sie aber erst nach Ihrer Antwort aussprechen.
Auf Wiedersehen! Wann kommen Sie nach Paris? Teilen Sie es mir unbedingt frühzeitig mit. Schön wäre es, zusammen hinaus zu fahren, für einen ganzen Tag. Jetzt beginnen wundervolle Tage.
Schreiben Sie.
Ich umarme Sie.

MZ

Schreiben Sie ein Buch über Ihre Kindheit und Jugend? Was tun Sie den Tag über? Ist jemand bei den Kindern? Vielleicht haben Ihre die Röteln nicht gehabt? Ich hatte den Eindruck, alle hätten sie durchgemacht.

46

Vanves (Seine) 65, rue J. B. Potin
26. Oktober 1937

Liebe Ariadna,
Wenn ich Ihnen bis jetzt nicht geschrieben habe, so deshalb, weil ich nicht konnte. Doch ich habe

durch alles hindurch und über alles hinweg an Sie gedacht.
Seien Sie gewiß, daß ich in Ihrer schrecklichen Not[1] neben Ihnen bin.
Ich kann jetzt nichts mehr schreiben, denn ich bin von den Ereignissen, die auch eine *Not* und keine *Schuld* bedeuten, völlig erschlagen. Ich sage Ihnen, wie ich es beim Verhör gesagt habe:
– C'est le plus loyal, le plus noble et le plus humain des hommes. – Mais sa bonne foi a pu être abusée. – La mienne en lui – jamais.[2]
Ich umarme Sie und – wenn es das letzte Mal sein sollte – brieflich und im Leben, sollen Sie wissen, daß ich an Sie mit Liebe und Dankbarkeit denken werde, solange ich lebe.

Marina

47

Vanves, Dienstag, 2. November 1937
65, rue J. B. Potin

Meine teure Ariadna,
Der Frosch ist natürlich *Ihrer:* glauben Sie etwa, daß ich ihn mir sonst aneignen und – wegnehmen könnte? Dieser Ihr Frosch hat mich den ganzen Sommer über beschützt, er ist mit mir ins Meer gegangen, hat mit mir die Erzählung über Sonetschka[1] geschrieben, hat mit mir *gebrannt* (das Festland brannte, wir waren in einem Feuerring), und das alles waren – *Sie.* Ich sehe Ihr strenges, offenes, mutiges Gesicht vor mir und sage Ihnen: was Sie auch über meinen Mann Schlechtes hören oder

lesen – glauben Sie all dem nicht, wie auch *nicht einer* derer dem Glauben schenkt (auch der „Rechteste" nicht), die ihn *gekannt* haben – und nicht einmal derer, die ihm begegnet sind. Einer von ihnen sagte neulich zu mir: Wenn S. Ja. jetzt zu mir ins Zimmer käme – ich würde mich nicht nur freuen, ich würde ohne den geringsten Zweifel alles für ihn tun, was ich kann. (Dies als Antwort auf den anonymen Artikel in „Wosroschdenije" [„Wiedergeburt"][3].

Und was mich angeht: Sie wissen ja, daß ich keinerlei „Aktionen" unternommen habe (das weiß man, unter anderem auch bei der Sûreté, wo Mur und ich einen ganzen Tag lang festgehalten wurden) – und das nicht nur aus völliger Unfähigkeit, sondern aus tiefster Abneigung gegen die Politik, die ich *insgesamt* – mit sehr seltenen Ausnahmen – für *Schmutz* halte.

Liebe Ariadna, schreiben Sie mir! (Sie gehen keinerlei Risiko ein, Mur und ich sind in völliger Freiheit). Schreiben Sie über alles: über Ihren Kummer und Ihre Zukunft – die nahe und die ferne, und über die Mädchen und über Ihre Seele... Ich liebe Sie wie eine Schwester: *dieses* Wort habe ich noch zu keiner Frau gesagt.

Meine Adresse ist dieselbe: dieselbe Ruine, aus der ich mich vorerst nicht wegbewege – ich kann es nicht und will es auch nicht: sonst heißt es noch – sie versteckt sich oder – ist geflohen. Ein schwerer Winter steht bevor, – nun, was soll's.

Ohne Grund haben Sie mich um eine ständige Adresse gebeten, denn *es kann nicht sein*, daß Sie sie nicht haben, – denken Sie etwa, daß ich so – spurlos – verschwinden kann und alles hinter mir

anzünde? Ich bin ein Mensch von *ewiger* Dankbarkeit.
Ach, Ariadna, was war das für ein *Paradies* – in Ihren Gärten! Ich werde sie noch irgendwann einmal niederschreiben.
Ich warte auf Nachricht und umarme Sie,
immer Ihre

Marina

Glauben Sie nicht, daß ich nicht an Ihren Kummer denke: ich habe ein *ständiges Messer* im Herzen. Ihr Frosch bedeutete meine letzten glücklichen Tage. Übrigens, er ist von einem blauen von Meer und Feuer in einen silbernen verwandelt worden – d.h. ganz *Ihrer* geworden (O. N. sagen Sie das natürlich nicht und werden es auch in Zukunft nicht tun!)

(aus einem Heft mit Jugendgedichten)

S. E.

Ich trage seinen Ring wie ein Signal:
Bin sein, nicht nur auf dem Papier – auf ewig.
Sein Antlitz, übermäßig lang und schmal,
Gleicht einem Degen.

Es schweigt sein Mund, der sich nach unter neigt,
Gequält und edel sind der Brauen Züge.
In seinem Antlitz haben tragisch sich vereint
Zwei uralte Geblüte.

Und er ist wie ein junger Zweig so schlank,
So nutzlos schön sind seine Augen:
Zwei Abgründe unter dem Flügelschlag
Geschwung'ner Brauen.

Vor seinem Antlitz bin dem Rittertum ich
treu:
– Euch allen, ohne Furcht vor Tod und
Leben!
Solche wie ihr schreiben in schwerer Zeit
Sonette – und werden auch zum Richtklotz
gehen.

Koktebel, 3. Juni 1914 (vor dem Krieg!)
Koktebel, 1914 – Vanves, 1937

48

Vanves (Seine) 65, rue J. B. Potin
Donnerstag, 17. November 1937

Ariadna!
Woher wissen Sie, daß ich am meisten von allen Blumen auf der Welt die Bäume liebe: blühende Bäume?!
Als ich sechzehn Jahre alt war, hatte ich einen Traum: in mich verliebte sich wahnsinnig, mit einer himmlischen Leidenschaft ein kleines Mädchen, das Marusja hieß. Ich wußte, daß sie sterben mußte, und ich versteckte sie vor dem Tod – in mir, in meiner Liebe. Einmal (alles ein und derselbe Traum: nicht länger als drei Minuten!) saß ich bei ihr – es war Nacht – sie schlief, schlief, und ich wachte bei ihr – und plötzlich – ein leichtes Klopfen – ich öffne – an der Schwelle – *eine Blume im Regenmantel*, riesengroß: ein blühender Baum im Mantel, von menschlichem (übermenschlichem) Wuchs. Ich wich zurück, und er kam herein.

Später hat diese Erscheinung in meinem Recken[1] Ausdruck gefunden, wo Marusja selbst zum Baum wird: der Gutsherr verliebt sich in den Baum, ohne zu wissen, daß er eine Frau ist.
Sie haben das alles doch *nicht gewußt*, wie Sie auch von dem Zauber, den das Wort *Azalee* über mich hat, nicht wußten, meinem ewigen Traum vom Baum, der *Azalee* heißen wird – wie eine Frau, nur schöner.
Ariadna! Meine Mutter wollte einen Sohn Alexander, da wurde ich geboren, aber mit der Seele (und auch dem Kopf) ihres Sohnes Alexander, d.h. verurteilt zur – sagen wir es ehrlich – Nicht-Liebe der Männer – und zur weiblichen Liebe, denn Männer konnten mich nicht lieben – vielleicht auch ich sie nicht: ich liebte Engel und Dämonen, die sie nicht waren – *und ihre Söhne* – die sie waren! – Ariadna, noch niemand hat mir ein blühendes Bäumchen geschenkt, das Azalee heißt.
... Und noch etwas – was für eine Tat mir gegenüber: ein Geschenk an *Ihrem*[2] Geburtstag – (Mama! Was werden Sie mir an Ihrem Geburtstag schenken? Jahr für Jahr – Mur).
– Ariadna, ich lebe den dritten Tag mit dem Baum und über diesem Baum: er ist neben mir, an meinem Kopfende, zusammen mit dem Vie de Ste Thérèse de l'Enfant Jésus écrite par elle-même[3] – dem ersten Buch, das ich nach meiner Katastrophe zu lesen begonnen habe – ein seltsames, ein schreckliches Buch, anziehend und abstoßend zugleich. Kennen Sie ihr Gesicht? Das arglistig-bekümmerte Gesichtchen eines zwölfjährigen Mädchens, mit einem Anflug von Lächeln und sogar – Lachen: über sich selbst? über uns? („Je veux être

Son joujou: Sa petite balle... Je veux qu'Il passe sur moi tous Ses caprices... Jésus a rejeté Sa petite balle...")[4] *Das* stößt mich ab, doch das letzte Wort: – Je passerai tout mon ciel à secourir la terre – das entzückt nicht nur, es hebt einen empor, mit ihr, in *jene* Höhe. (Tout mon ciel – das ist wie – tout mon temps...)[5] Dieses kleine Mädchen könnte *Dichter* sein – und noch mehr: grande amoureuse: es ist Marianna d'Alvaredo, die sich, anstatt in einen vorübergehenden Franzosen, in Christus verliebte. *Ich kenne diese Noten.* Ariadna, besorgen Sie es sich und lesen Sie es: La vie de Ste Thérèse de l'Enfant Jésus, écrite par elle-même (Office de Lisieux – Calvados) – mit dem wahnsinnig-geschmacklosen Umschlag „du temps" (1873-1897, doch immer dasselbe Gesicht des 12jährigen Mädchens, halb so alt wie seine Jugend.)

... Denken Sie nicht, que je tombe en religion[6] – ich wäre nicht ich – das wird niemals mit mir geschehen – mit Gott habe ich *meine eigene* Abmachung, zu ihm *meinen eigenen* Zugang, *an* ihm *vorbei* und *durch* ihn *hindurch* – über meinem Kopf ist (wie der Dichter Maximilian Woloschin über mich als Sechzehnjährige sagte)[7] eine doppelte Welt: die des letzten Heidentums und die des ersten Christentums – und vielleicht, wie ich selbst mit zwanzig Jahren gesagt habe:

> Deshalb muß ich so viel weinen,
> Weine ich so viel,
> Weil ich mehr als Gott noch Seine
> Lieben Engel lieb'.[8]

Ich erwarte Sie: Ariadna! wir sollten uns noch in dieser Welt begegnen, in diesem Teil der Welt.

Denken Sie darüber nach: Denken Sie daran, daß wir uns, wenn Sie in Paris sind, offen treffen können: ich (toi, toi, toi!) bin vollkommen frei, nicht einmal (toi, toi, toi!) à la disposition[9], – ich kann zu jedem gehen, und jeder kann zu mir kommen. Niemand braucht sich vor mir zu fürchten, sollte aber vielleicht auch nicht (nach Auffassung der Familie) über diese Begegnungen reden – wenn sie stattfinden – sinnlos – wozu jemanden verwirren? Die Welt um Sie herum lebt mit der öffentlichen Meinung. Nun, es wird Ihnen klarer erkennbar sein, ob dieses „es wird" sein wird.
Schreiben Sie.
Und arbeiten Sie für unser Treffen: ich bin auf jeden Fall bis zum Frühjahr hier – doch kaum länger als bis zum Frühjahr. (Darüber schweigen Sie.) Dann werden wir uns nie mehr sehen.
Ich warte auf einen Brief.
Der Baum und ich umarmen Sie: ich mit den Händen, er mit den Zweigen, doch unsere Köpfe sind gleich – mit zweierlei Blut und einer doppelten Welt...

M.

49

Vanves (Seine) 65, rue J. B. Potin
Donnerstag, 23. Dezember 1937

Liebe Ariadna! Sie setzen mich vollkommen in Erstaunen: Sie handeln wie ich früher, wie ich in meinem Innern (manchmal) auch jetzt (und *außerhalb* meiner) – *immer* – handeln würde. Und diese

Übereinstimmung: ich hatte Ihnen erst am Morgen das Buch der Noël[1] geschickt, saß schon an dem Brief, doch auf einmal befiel mich eine Hoffnungslosigkeit: *alles sagen* zu können, und ich legte still das Blatt zur Seite, als hätte ich ihn schon geschrieben, mit fertigem Umschlag. Und plötzlich – ein Klopfen: – C'est bien là usw. – Oui. (Schon lange erwarte ich vom Klopfen keine Wunder mehr). – Un colis pour Vous. – Vous devez Vous tromper, je n'attends rien. – Si, c'est pourtant bien pour Vous...[2] Ich unterschreibe, lasse ihn hinaus (er geht – fröhlich) und – das erste, was ich in der Hand halte – ein Tannenbaum mit Veilchen, beide – lebendig! und das erste, was in mein Bewußtsein – oder in mein Herz dringt (bei mir ist das eins), sind *Sie*. Und – s o – i s t – e s – a u c h.

Nun, also.

Ich umarme Sie, danke Ihnen für jede Einzelheit („Allmächtiger Gott des Details – Allmächtiger Gott der Liebe...")[3], *für alles, für Ihre ganze Person*, für alles das, was – *ist.* Und in *meinem* Leben war.

Nach den Feiertagen – ein langer Brief. Meiner, der nicht fertiggeschriebene, hat so begonnen – vielleicht auch geendet: Morgen ist Weihnachtsabend, und ich weiß, was Sie schmerzt, wie es Sie schmerzt, und ich möchte, daß Sie wissen, daß ich es weiß.

Schreiben Sie über sich und über die Kinder und über Ihre Pläne. Und wie Sie die Tage verleben. – Werden Sie kommen? Ich umarme Sie wieder und wieder.

M.

50

Vanves (Seine) 65, rue, J. B. Potin
Freitag, 21. Januar 1938

Liebe Ariadna! Ich habe eine *große* – und absolut – vertrauliche Bitte an Sie.
Ich werde vielleicht abreisen und in der Tschechei leben müssen[1] (schweigen Sie wie ein Brunnen!), aber dort ist es sehr kalt und ich brauche unbedingt einen *n i c h t g e w e b t e n* Mantel – fürs ganze Leben. Jetzt haben Sie Geduld und hören Sie aufmerksam bis zum Ende zu.
Jeden Stoffmantel (Tuch, velours de laine[2], sogar englisches Tuch!) zerreiße ich an der Seite mit den Beuteln, die ich immer trage (und tragen werde). Deshalb brauche ich *suédine.*
In Paris werden aus *suédine* nur trois-quarts gemacht, und die sind wahnsinnig teuer: hier ist das – *luxe.* (Außerdem brauche ich etwas *Langes:* 1 m 20 Länge, aber hier werden solche Mäntel *nicht* hergestellt). Dieses Material (suédine qualité lourde, in der Art von Wildleder) ist weder in Frankreich noch in Belgien zum Verkauf, es wird alles von Fabrikanten fertiger Sachen aufgekauft. Das weiß ich.
Jetzt die eigentliche Bitte.
Es gibt in Brüssel – 105, Chaussée de Wavre – ein scheinbar kleines Geschäft: *Au bon Goût* (fabrique de vêtements en cuir[3], Eingang von der Straße aus), wo man einen solchen Mantel, wie ich ihn brauche, *bestellen* kann. (Eine Bekannte von mir hat sich im vergangenen Jahr einen solchen bestellt und kam in ihm zu mir, ich habe ihn mit eigenen Augen gesehen.)

Nun, und die Hauptsache: wie kann ich von hier aus an einen solchen Mantel kommen? Ihr Bruder wird das wohl kaum erledigen können (und wahrscheinlich – *auch nicht wollen:* von seiner Frau – seit eben jener Zeit – kein Wort! Aber ich habe immer *gewußt* (mit dem Herzen gewußt), daß das keine echte Liebe ist, – sind Sie denn sicher, daß Sie bis zum 1. Mai, sagen wir – aber das ist schon der letzte Termin! – hierher kommen? denn *Sie* könnten ihn mit Leichtigkeit mitbringen, meine Bekannte ist oft gefahren und hat etwas hergebracht. Das ist der wichtigste Punkt.

(Geduld, liebe Ariadna, jetzt beginnen die *Einzelheiten*).

1) Man muß die *beste* Qualität nehmen, die allerbeste, und es gibt sie dort, soviel ich weiß, in einer Farbe: *rot-braun*, jene Farbe und Qualität, aus der blousons[4] *suédine* gemacht werden (sie kosteten vor zwei Jahren 65 belgische Francs, alle Größen! Mit einem Reißverschluß bis zur Mitte, das gebe ich Ihnen nur als Beispiel für *Farbe* und *Qualität*).

2) Der Mantel sollte complètement croisé[5] sein und nach unten *weiter werden*, damit er beim Gehen nicht ganz aufschlägt, d.h. mit maximalem Umschlag von beiden Seiten. Knopfverschluß ganz an der Seite. Gürtel. Gewöhnlicher Kragen, d.h. offen (*nicht anliegend*).

3) Was die Größe angeht – bestellen Sie *46*, für „une dame forte"[6] (ja, das bin ich!), so daß er für Sie *sehr* geräumig ist, besonders *die Armausschnitte*, und einen gut breiten Rücken hat (*NB!* ich habe tatsächlich einen selten breiten Rücken, d.h. Schultern, und Armlöcher müssen für mich groß sein: *männlich* – wegen meiner vollkommen geraden

Schultern. Mir ist unter den Armen immer alles zu eng. Aber le 46 fera affaire[7], und wenn er in der Taille zu weit ist, kann man da etwas abnehmen: wichtig ist, daß das Oberteil *nicht* zu eng wird.
4) so einen gewaltigen Mantel brauche ich, damit ich darunter einen *Pelz* anziehen kann – ich besitze einen.
Länge 1 m 20, Gürtel, complètement croisé, nach unten weiter, und Ärmel, wie man sie jetzt trägt, bouffants an der Schulter (d.h. einige eingelegte Falten). Ich lege meine ungeschickte Zeichnung bei.[8] Sechs Knöpfe: große.
Messen Sie ihn nicht an sich, überschlagen Sie nur, und wenn er Ihnen *zu weit* ist, ist er für mich richtig.
5) Welcher Preis? (Auf jeden Fall wird es billiger als hier, und Geld werde ich haben, denn dieser Tage gebe ich ein Manuskript ab).
6) Wie soll ich Ihnen das Geld übergeben? Einfach im Umschlag (auf Risiko)? Mit Überweisung? (aber – ist das erlaubt? mir scheint jetzt eher, es ist *nicht* erlaubt. Ich habe keine Ahnung).
Soll ich es Ihren Angehörigen hier schicken? Ihrem Bruder – ins Hotel (angeblich meine *Pflicht* – Ihnen gegenüber). Er möge keine Angst haben – ich schreibe als Absender Zwetajewa, aber da ist der Vorname – *unverkennbar*).
Ich werde mit Ungeduld auf Ihre Antwort warten. Wenn die Antwort *positiv* ist, dann werden Sie mich ganz einfach – retten.
Aber denken Sie daran: pour une dame forte, vergessen Sie *mich*, denken Sie an „forte“ (Ich bin auch „forte“, doch auf andere Weise).
Ich beende meine anbetungswürdige Erzählung über Sonetschka, sie ist mein Schwanengesang[9], da

kann ich mich eben nicht trennen! Dieses Stück *drückt mir das Herz ab* – obwohl ich es selbst geschrieben habe. Der Epigraph:

> Elle était pâle – et pourtant rose,
> Petite – avec de grands cheveux...[10]

(Die ganze Genialität Hugos liegt in diesem *grands* statt *longs*...[11]) In diesem Stück (Frühjahr 1919) liegt meine ganze Jugend.

Ich lebe sehr zurückgezogen: meine Freunde sind eine Mutter und ihre Tochter[12], andere – Bruder und Schwester, und noch einen Freund habe ich – Kolja[13], der unserem ganzen Haus zugetan ist. Sonst gibt es in Paris, wo ich schon zwölfeinhalb Jahre lebe, niemanden mehr.

Ich verkehre (beschmiere und beschmutze mich) mit den Öfen, bin *ganz* (außer mit meiner Seele!) zu Hause. Ich versorge Mur und den Lehrer (Mur wird dieses Jahr zu Hause unterrichtet). – Und außerdem die Katze (eine fremde, streunende – egal). Das hauptsächliche Vergnügen ist Lesen und Kino. Ariadna, wenn Sie irgend können, gehen Sie in den *genialen* Film Grande Illusion[14].

Abends flicke und stopfe ich Murs Sachen, wir „drehen" T. S. F.[15] an.

Von Alja kommen oft Postkarten[16], sie hat viel Arbeit (zeichnet für eine Zeitschrift), da ist alles in Ordnung.

Ich sagte: das wichtigste Vergnügen seien Bücher, nein! – die Natur ist das Wichtigste: die Natur, das Wetter (wie auch immer es ist), unsere Straße, von Bäumen gesäumt, unsere Kastanien, Holunder, die Gärten im Fenster.

– Wenn Sie S. A. Schachowskaja treffen, einen herzlichen Gruß und Dank für den Brief. Richten Sie aus, daß ich ihr *unbedingt* schreiben werde.[17] (Doch über meine mögliche Abreise – um Gottes Willen! – auch zu ihr kein Wort – zu *nie-mandem*).

Und der Mantel für mich muß complètement croisé sein – denn ich habe erfrorene Knie, und für mich ist Frost das *schrecklichste*, was ich kenne.

Nun, ich umarme Sie natürlich, bitte um Verzeihung für die Mühe, doch diese Bitte zeigt nur mein Vertrauen. Ich weiß ja, daß Sie ein Mensch sind, d.h. *alles* und *bis ins kleinste* mitfühlen, wenn Sie lieben.

Und daß Sie mich lieben – das weiß ich.

Marina

51

Vanves (Seine), 65, rue J. B. Potin
Freitag, 28. Januar 1938

Liebe Ariadna!

(Verzeihen Sie, ich bin ganz mit dem Mantel beschäftigt!)

Ich habe die Taschen vergessen (Schrei der Verzweiflung: Taschen vergessen!!) – große, aufgesetzte, tiefe – bis zum Grund der Seele. Denn ich trage, wenn es geht, keine Handschuhe, sondern immer die Hände in den Taschen.

Zweitens: kann man ihn mit festem Futterstoff machen, ganz bis unten, – es gibt so einen dichten Plüsch – unter Pelzen, wie man ihn für Chauffeurs-

mäntel für Männer verwendet (vielleicht werden sie in Brüssel *nicht* hergestellt?)
Und wieviel nimmt man: ohne Futter und mit Futter?
Ich warte sehr auf Antwort – noch auf den ersten Brief, denn ich bekomme bald das Geld und fürchte, daß es nach und nach für etwas anderes weggeht, und ich würde es Ihnen, im Falle Ihres Einverständnisses, sofort schicken, die ganze Summe.
Ich küsse Sie und warte auf Nachricht. Dies ist kein Brief, nur ein Postskriptum.
Ihre Sie immer liebende

M.

52

Vanves (Seine) 65, rue J. B. Potin
15. Februar 1938

Meine liebe Ariadna!
Ich habe eben die Biographie der Duncan[1] gelesen (nochmals), und wissen Sie, welches Gefühl von diesem gleichsam mit *allem* vollgestopften Leben geblieben ist? Leere. Nutzlosigkeit. Als wäre *nichts* gewesen. Ich suche immer noch danach, worum es geht (*NB!* Dieser Brief ist die Antwort auf Ihren letzten, in dem Sie schreiben, daß Sie verwirrt sind, daß Sie niemals vollkommen aufgeben noch annehmen können). Diese Frau hatte alles: Genius, Schönheit, Verstand (mit Fragezeichen, denn oft ist sie *wahnsinnig* geschmacklos, doch es gab etwas, das bei einer Frau peut tenir lieu et tient lieu[2], sagen wir – Kongenialität mit allem Großen), es gab

alle Länder, alle Naturen und die ganze Natur, *alle* Bücher, Begegnungen mit allen großen Zeitgenossen – und mit einem Mal begriff ich, was ihr gefehlt hat: niemand hat sie geliebt, und sie hat niemanden geliebt, weder Gordon Craig[3], noch ihren Lohengrin[4], noch den genialen Pianisten[5], noch – noch – noch, – niemanden. Im Buch ist deutlich der Mangel an – Mitleid zu spüren. Sie liebte, wie sie aß und trank. Mitunter auch (Stanislawskij)[6] – wie sie las. Mal sich sättigend, mal sich bildend, niemals *den anderen* liebend, d.h. ihn bemitleidend und ihm dienend. Deshalb, und eben deshalb war der Tod ihrer Kinder[7] so schrecklich, die das einzig Lebendige in ihr waren: das Große und das Kranke. (Und Jesenin[8] hat sie natürlich auch nicht geliebt: dies ist der reine Roman von amerikanischer Neugier + letzter Hoffnung einer alternden Frau. An einem Menschen leiden heißt noch lange nicht, ihn zu bemitleiden.)
Ich ging aus diesem Buch ganz verstört hervor: so viele Namen und Länder und Ereignisse jeglicher Art – und *nichts* zu sagen.
Abgesehen davon ist ihre Kunst *natürlich* einzigartig, – ein einzigartiges *Wunder*, doch sie wollte eine Schule – für Wunder. Sie wollte Tausende von Isadora Duncans... Das bedeutet, das Wichtigste, das Wunderbare ihrer eingen Erscheinung hat sie *nicht* begriffen. Und recht hatten sie, die leichtsinnigen Wiener, die ihr zuriefen: – Keine Schule! Keine Vorträge! Tanz uns die schöne blaue Donau! Tanz, Isadora, tanz![9]
– *Schade*, denn dieses Buch ist so lebendig, daß man es selbst lebt, und man kann nichts verbessern. Ihrem Laffen Raimond[10] bin ich einmal bei ei-

ner Amerikanerin[11] begegnet. Plötzlich stützte sich jemand mit dem Ellenbogen gegen meinen Hals und bog ihn dabei nach vorn. Ich bewegte heftig den Kopf, und der Ellenbogen verschwand. Eine Minute später wiederholte sich das. Ich stehe auf – vor mir ein Mensch in „weißer Kleidung", langhaarig, usw. – ich schiebe den Stuhl zurück: – „Monsieur, si Vous ne pouvez pas Vous tenir debout – voilà ma chaise. Mais je ne suis pas un dossier".[12] Und er lächelte *dümmlich*. Und ging. Und ich setzte mich wieder. Und dieser Raimond spielte bei ihr den König Ödipus und baute mit ihr in Griechenland den Hof des Agamemnom. (Ein Detail: ich saß an einem Teetisch, und er sprach mit meinem vis-à-vis – über den Tisch hinweg – und da stützte er sich, um es *bequemer* zu haben, mit den Ellenbogen auf meine Schulter. Merkwürdig besonders für einen Tänzer aus der Schule Isadoras).
– Verzeihen Sie, liebe Ariadna, diesen *weitläufigen* Briefanfang: ich bin von diesem Buch (diesem Leben) wirklich berührt und verstört.

Also, zum 1. April kommen Sie nach Paris? Wie glücklich bin ich darüber. Doch ich sehe schon jetzt: es wird ein trauriges Glück: kurz und mit der Notwendigkeit, alles (das Tatsächliche und das Mögliche) in einen letzten kurzen Termin hineinzustopfen. Und wie gut wäre es, wenn ich in Belgien lebte, wie ich einst in der Tschechei gelebt habe, ein friedliches Leben, das ich so sehr liebe... („Doch er, rebellisch, sucht den Sturm..."[13] – das ist wirklich nicht über mich gesagt, und: – Selig, wer diese Welt besuchte – In ihrer schicksalsvollen Minute... – das ist nun wirklich *nicht* selig!!!)[14] – mit einigen Freunden, unter denen Sie an erster Stelle sind... Unsere Freundschaft wäre nicht (*alles* Konjunktiv!) – stürmisch, ohne jede Katastrophe, einfach – Ihr Haus wäre meines, und meines wäre Ihres, und jeder von uns könnte den anderen zu jeder beliebigen Nachtzeit wecken – ohne fürchten zu müssen, ihn zu verärgern. Ich habe vielleicht am meisten im Leben das Kloster geliebt, nein – das Stift: Stiftsdame, Stiftsfräulein[15], mit vereinbarter Freiheit und vereinbarter (freier) Unfreiheit. Diese Ordnung suche ich seit dem vierzehnten Lebensjahr, als ich selbst in Internate ging, in Moskau, trotz Familie und Haus, ich sage – in Internat*e*: jedes Jahr in ein anderes...[16] Die Ordnung bedeutet für mich eine höhere Behaglichkeit, und „Freiheit“ ist nur eine leere Stelle: eine Wüste. Ich habe mich das ganze Leben um diese Ordnung bemüht, und sehen Sie, wohin das geführt hat?

Zu mir. Ich lebe entweder in der Kälte oder im Rauch: wahlweise. Wenn Frost ist, (wie jetzt), ziehe ich den Rauch vor. Meine Hände sind ganz verbrannt: verbrannt ist die oberste Hautschicht, denn es gibt keinen Abzug, die Kohle erlischt ununterbrochen, und man muß die Späne von oben herunterstoßen, – so ist die Vorrichtung, oder besser – die Hinrichtung. Doch bald wird es Frühling und wir haben, so wollen wir hoffen, das Schlimmste hinter uns. Den ersten Winter – in meinem ganzen Leben wohl – schreibe ich nichts, d.h. nichts Neues. Dafür gibt es eine Reihe von Gründen, der wichtigste: à quoi bon?[17] Ich versuche, wie alle zu leben, doch das gelingt mir schlecht, etwas nagt an mir. Natürlich, ich mache Notizen, doch solange

ich keinen Mut, vielleicht auch keine Zeit habe anzufangen: welchen Berg soll ich da besteigen?? Fast die ganze Zeit geht fürs alltägliche Leben dahin, früher war es trotz allem etwas leichter. Es gibt bescheidene Freuden: unter unseren Fenstern wird eine Grünanlage angelegt, der ganze Weg von der Metro zu uns ist mit Straßenlaternen beleuchtet, überhaupt, draußen ist es schöner als zu Hause. Nun, soviel darüber und insbesondere über mich. Ich möchte von Ihnen hören. Woran sind die Kinder erkrankt? Wie hat sich ihr Leben eingerichtet? Wie geht Weras Unterricht voran? Wie entwickelt sich Ljulja? Haben Sie jemanden für sie oder sind Sie allein? Von welchem Buch schreiben Sie, daß es einen Bruch zwischen Autor und Werk gibt? Offensichtlich von einem, das zu übersetzen ist – aber was ist es?[18] Mit wem haben Sie Freundschaft geschlossen oder verkehren Sie freundschaftlich? Hören Sie Musik? Was lesen Sie – für Ihre Seele? (Wenn Sie Ma vie der Duncan nicht gelesen haben – lesen Sie es unbedingt. Sehr gut ist der Anfang: Armut, leerer Strand, eine auf seltsame Weise nicht vorhandene Mutter, erstes Paris, also die ganze Duncansche virtualité...)[19]
Ariadna, in Brüssel ist *mein* Fenster – über einer Schlucht. O. N. und ich gingen durch die Stadt, und ich rief plötzlich aus: – Sehen Sie, *mein* Fenster! Sie hat sich richtig erschrocken. Es war Nacht, das Fenster strahlte über dem dunklen Gestrüpp. Das war irgendwo oben, wir sind dann lange irgendwelche Treppen hinabgestiegen. Das Haus meines Fensters war sehr alt, und an der ganzen Wand gab es nur ein Fenster, Bäume wuchsen aus der Schlucht empor – riesengroße. Wenn Sie es ir-

gendwann einmal sehen, werden Sie es sofort erkennen. Ich werde es niemals vergessen.

Was den Mantel betrifft: hier kostet einer aus *mittlerem* suédine, auf Bestellung, 250 Francs. Ich wäre Ihnen sehr dankbar, wenn Sie in Erfahrung bringen könnten, wieviel sie in jenem Laden verlangen. Es wäre mir wichtig, das *sehr bald* zu wissen. Von der Sorte, aus der die réclame-Jacke gemacht wird: von der besten. Soviel ich weiß, gibt es nur eine Farbe: schokoladenbraun, tirant sur le rouge[20] (*kein* olivgrün). Bringen Sie das in Erfahrung und schreiben Sie, ich bin Ihnen sehr, sehr dankbar. Evasé vers le bas, complètement croisé, longueur 120 – erinnern Sie sich? Und *sehr* große emmanchures[21]. Doch bevor Sie ihn in Auftrag geben, erkundigen Sie sich nach dem Preis und schreiben Sie ihn mir sofort.
Nun, ich schließe und gehe in meine Frostküche. Mur geht es sehr gut, vor allem verliert er den Mut nicht. Er zeichnet sehr schön. Er ist größer als ich und trägt lange Hosen. Er grüßt Sie und die Kinder herzlich. Und ich umarme Sie von Herzen – und warte auf Nachricht.

M.

53

Vanves (Seine) 65, rue J. B. Potin
Montag, 21. Februar 1938

Ariadna! Ich antworte Ihnen ganz geradeheraus: was sind Sie für ein *mutiger* und *echter* Mensch!

Ihr Brief hat mich erglühen – leuchten lassen – wie ein Bergkristall: die physische Vision eines Bergkristalls in Granat, wie ich sie in meiner frühen Kindheit in den Alpen gesehen habe, steht *über* allem und sogar über meinem geliebten Heidekraut.
Jetzt ist alles gut und Sie werden einen Sohn haben. (Ärgern Sie sich nicht über meine Eile, doch ich bin

Jener Zug, zu dem alle
Sich verspäten...[1]

und zu dem Sie sich *nicht* verspätet haben).
Ich freue mich an Ihrer Tapferkeit, denn natürlich nehmen Sie einen Berg auf sich (NB! wieder – Kristall!) – doch mehr noch als einen Berg (ein Berg – was ist das schon!) – werden Sie den ganzen menschlichen Sumpf auf sich nehmen: die Verurteilung all derer, die für Sie keinen Finger krümmen, die jedoch so sehr die Schönheit eines untröstlichen weiblichen Schmerzes lieben, daß sie sich nun *bestohlen* fühlen (um den ganzen ewigen kostenlosen Anblick!) – und Sie werden den ganzen weiblichen Haß auf sich nehmen, all das Geflüster hinter Ihrem Rücken...
Doch – „was gehen die mich an" (Saadi) und – wie ich irgendwann einmal eine ehemalige Liebe Rußlands getröstet habe: – Die Dichter seien mit Ihnen! (Das ist doch dasselbe wie: Gott mit dir!)
Liebe Ariadna, ich bin glücklich für Sie, nicht so wie für mich (für mich glücklich sein – das konnte ich *niemals*; als ich geboren wurde, zeigte sich: einzig *diesen* Berg habe ich *nicht* auf mich genommen!), sondern wie für ein anderes Ich, ein zweites Ich, ein Ich im anderen, deshalb: seien Sie glücklich und *werden* Sie glücklich.

Glücklich auch für die Mädchen.
Glücklich auch für den zukünftigen Jungen, der unbedingt kommen wird: denken Sie an mein Wort! Und zu *dessen* Patin (*NB!* eine altertümliche Wendung: ich liebe sie) entgegen allen menschlichen Gesetzen und Bräuchen und über alle Köpfe, Tiaren – und Taufbecken hinweg ich mich schon jetzt erkläre: marraine de rêve[2], das ist doch auch ein Königreich! Und dem ich schon jetzt, wenn wir uns sehen – wahrscheinlich das letzte Mal auf *dieser* Erde, auf *diesem* Stern – mein Taufgeschenk geben werde.
Ich umarme Sie von ganzem Herzen.
Glück auf![3]

M.

Ihr blauer Frosch an meiner Hand tanzt und klascht mit Händen und Füßen Beifall.

54

Vanves (Seine) 65, rue J. B. Potin
Montag, 7. März 1938

Liebe Ariadna!
Nur zwei Worte: jetzt wird es höchste Zeit, sich nach dem Mantel zu erkundigen, denn wenn Sie zum 1. hierher kommen, braucht es noch Zeit, bis er gemacht ist.
Ich wiederhole: ich möchte *beste* Qualität, wenn es gibt – dunkelbraun, wenn nicht (in bester Qualität) – dann schokoladenbraun, wie die typischen réclame-Jacken, Länge 120 cm, *complètement croisé,* und dafür nach unten hin weiter werdend, nicht

gerade, mit einem Verschluß ganz an der Seite, mit großen Taschen (aufgesetzt) und *breitem* Gürtel, mit „Puffärmeln" (oben) mit *breitem Armloch, so daß es Ihnen sehr weit ist* jetzt 1) den Preis ohne Futter 2) den Preis mit einem warmen und haltbaren Futter: entièrement doublé (auch die Ärmel). Sobald ich Antwort bekomme (doublé und non doublé)[1], schicke ich Ihnen das Geld, und Sie geben den Mantel sofort in Auftrag.
Dunkelbraun (nur *nicht* grünlich, *nicht* olivgrün) wäre mir am liebsten, denn es ist nicht so leicht schmutzend und weniger auffällig, doch das Wichtigste ist die *Qualität:* ich möchte *die beste*, d.h. die festeste, denn er soll für viele Jahre sein.
(Gerader Kragen, genügend weit, damit man noch einen Pelz umlegen kann).
Da er complètem. croisé sein wird, werden die *revers*[2] riesig ausfallen, und man muß sie doppelt anfertigen, wie es sich auch anbietet, damit man ihn offen und mit Schal tragen kann. Er muß ganz umgeschlagen werden, d.h. die unteren Ränder *fast* bis zum seitlichen Fischbeinstäbchen. Und der Gürtel – *sehr* breit, mit großer Schnalle (einer schlichten, haltbaren, am besten aus Leder, vielleicht suchen Sie sie aus?).
Das ist vorerst alles.
Ich umarme Sie und warte sehr auf Antwort, denn wenn es nicht durchführbar oder zu teuer ist, dann werde ich hier in den occasions[3] nach etwas suchen, ich würde aber natürlich etwas Neues vorziehen.
Ich warte sehr auf Nachricht.

MZ

P. S. Schauen Sie noch, welcher Stoff weniger knittert?

55

Vanves (Seine) 65, rue J. B. Potin
Montag, 14. März 1938

Liebe Ariadna!
Mit dem Geld gab es eine Verzögerung: es kommt in diesen Tagen, so daß Sie, wenn Sie können, die Anzahlung von Ihrem eigenen auslegen müßten (ohne Anzahlung werden sie wohl kaum mit der Arbeit beginnen), und ich schicke Ihnen dann sofort nach Erhalt die *ganze* Summe, also in einigen Tagen.
Ich schicke die ausgesuchten Muster: Material und Farbe sind *wundervoll*, c'est le rêve.[1]
Noch eine Kleinigkeit: ich habe einen sehr breiten Rücken – und Schultern – deshalb müssen auch die Ärmelausschnitte groß sein: wie für Männer, und das ist keine Phantasie von mir: in Rücken und Schultern habe ich eindeutig Größe 46, deshalb kann ich mir nie etwas Fertiges kaufen. Schultern, Rücken und Ärmelausschnitte müssen Ihnen *zu* weit sein. Ich schicke (vielleicht ist es nötig?) meine Kleidermaße, dann sollen sie sich selbst überlegen, wieviel man für einen dicken Mantel zugeben muß, die Wattierung und das übrige miteingerechnet (*NB!* Die Maße habe ich verloren).
Noch eine Einzelheit: wenn der Mantel ganz gerade ist, schlägt er unten *immer* auf, d.h. man kann ihn nicht vollständig zumachen: er muß also nach unten hin weiter werden.
Es wäre gut, wenn ich von ihnen, für alle Fälle, noch etwas Stoff bekommen könnte, für eine Kappe, oder vielleicht ist etwas einzusetzen – ich den-

ke, auf ein kleines Stück wird es beim Zoll nicht ankommen.
Den Gürtel möchte ich sehr breit haben, mit großer Schnalle (schlicht), und schlichte Knöpfe – vielleicht suchen Sie das alles selbst aus oder schauen zumindest danach?
Denken Sie daran, daß der Verschluß ganz vom Ende aus verläuft, so sind die Mäntel gewöhnlich (wenn er *geöffnet* ist, bekommt er ein riesiges Revers).
Also das Blau, entsprechend dem Muster. Und wenn Sie jetzt kein Geld für die Anzahlung haben, warten Sie auf meine Überweisung, – vielleicht schaffen wir es!
Ich umarme Sie und freue mich unendlich auf unser Treffen. Sie werden sicher zum 1. hier sein? Ich warte auf Nachricht.

MZ

P. S. Taille und Seiten können nach Ihren Maßen angefertigt werden: sie sind bei mir normal: „unnormal“ sind Rücken und Schultern – und Armlöcher.

56

Vanves (Seine)
65, rue J. B. Potin
Samstag, 4 Uhr [9. IV. 1938][1]

Liebe Ariadna! Ich bin sehr glücklich über Ihren Brief.[2] Den ganzen Montag über werde ich zu Hause sein – auf Ihren pneu warten: ich möchte Sie unbedingt – wenn auch nicht am Bahnhof, Sie

fahren ja übrigens mit dem Auto: also am Auto – noch einmal sehen, nur teilen Sie mir die genaue Adresse mit
Abfahrt }
Standort } und Uhrzeit: ich muß auch Ihrem Sohn[3] das Geschenk geben, das ich damals verloren (*nicht* vergessen!) und heute, als ich im Innern einer Lade kramte, wiedergefunden habe.
Bitten Sie Ihren Bruder, den Thiers am Donnerstag abzuholen (tausend Dank: wundervoll!), *vor* dem Frühstück, d.h. bis 1 Uhr – ab morgens, und wenn er nicht kann, soll er Bescheid sagen, wann er hier sein wird, damit er *nicht* umsonst fährt, ich bin oft nicht zu Hause. Ich stehe mich nun gut mit ihm und habe ihn in ausgezeichneter Erinnerung. Erklären Sie ihm den Weg in die rue J. B. Potin und das Aussehen des Hauses gut, daß er sich nicht verirrt. Das alles für den Fall, daß wir uns am Montag *nicht* sehen, doch ich *will* Sie sehen. Ich umarme Sie und warte auf eine Nachricht, einen herzlichen Gruß von Mur.

MZ

65, rue J. B. Potin Vanves (Seine)

57

Vanves (Seine) 65, rue J. B. Potin
Dienstag, 19. April 1938

Liebe Ariadna,
Das ist kein Brief – nur eine kleine Notiz.
Ich weiß nicht, was ich mit dem Thiers machen soll: Ihr Bruder ist am Donnerstag nicht erschie-

nen, um ihn abzuholen, und hat mir auf den Brief, den ich schon vor sehr langer Zeit abgeschickt habe – noch bevor ich Ihren bekommen habe – und im dem ich ihn bat, daß er, wenn er am Donnerstag nicht kommt, mir selbst einen Tag und eine Uhrzeit nennen soll, nicht geantwortet.
Und nun ist seither schon einen Woche vergangen und – kein Wort.
Ich habe an die Adresse: 91, Rue Erlanger, 16ème geschrieben.Ein zweites Mal zu schreiben, dazu kann ich mich nicht entschließen, vielleicht hat er es sich anders überlegt, und es erscheint als Zudringlichkeit von meiner Seite?
Aber ich möchte doch sehr gerne wissen, ob er ihn nimmt oder nicht, denn der Thiers ist einer meiner wichtigsten Verkaufs-„Trümpfe“.
Ich hoffe, daß Lucien auf dem Weg der Besserung ist.[1] Und sich zu Begegnung oder Nicht-Begegnung, Brief oder Schweigen äußert[2] – erstens haben mich die Ereignisse *bereits* festgelegt, zweitens – darf man nicht auf mich hören: ich habe mir *immer* – in diesen Dingen – unbedingt und fast böswillig – geschadet, wenn man so etwas Schaden nennen kann.
Ich habe den anderen (den Grad seiner Ergebenheit) auf die Probe gestellt, ich habe mich (den Grad meiner Entfremdung) erprobt, habe Berge aufgeschüttet und Meere vergossen zwischen ihm und mir – und letzten Endes (sehr schnell) habe ich verloren.
Auf mich darf man nicht hören. *Vielleicht*, wenn die Sache *wirklich* verloren ist.
Nein, Ariadna, *darin* sollte man mir – gebe Gott – nicht ähnlich sein! (Aber *wahrscheinlich* sind Sie

es, denn es gibt Ähnlichkeit auch über alle Fronten.)
Ich konnte in der Liebe nur das eine: unbändig leiden – und singen. Nicht einmal warten – wie die Achmatowa: „Ich sang nur und wartete."[3] Eines habe ich gar nicht gekonnt: *leben.* Und so, wie Sie das *Leben* in Ordnung halten... (Ich habe jegliches Leben in Unordnung gebracht, o, kein fremdes: nur meines – mit einem anderen. Und lieben konnte ich – wie *niemand*, und *niemand* hat davon erfahren! Und niemand wird es je erfahren: ich färbe mir nicht umsonst die Haare...)
Nun, ich schließe, warte auf Nachricht – und auf einen Rat: was soll ich mit dem Thiers machen? Und teilen Sie mir bitte den Vor- und Vatersnamen Ihres Bruders mit, ich bin mir bei Ihrem nicht ganz sicher: Georgijewna? Sie sollen aber natürlich *nicht* verärgert sein, für mich sind Sie – der Vorname.
Die Sie liebende und Sie auf allen Wegen begleitende

M.

Ich warte sehr auf Nachricht über Weras Gesundheit.

58

Vanves (Seine) 65, rue J. B. Potin
Mittwoch, 5. Mai 1938

Liebe Ariadna!
Verzeihen Sie, daß ich Ihnen keinen Ostergruß geschickt habe, ich habe aber an Sie gedacht. Ich bin schrecklich beschäftigt mit der Korrektur meiner

Druckfahnen – das ist alles liegengeblieben und mußte warten – aber nun ist es soweit. Das sind je 8 Exemplare, d.h. jeden einzelnen Druckfehler mußte ich *achtmal* verbessern, und Druckfehler gibt es eine Menge: es wimmelt davon! Ich lebe in der Küche, wo der einzige große Tisch steht, von dem ich alles Küchengeschirr verbannt habe, – ich lebe zwischen (Ihrer!) Proviantkiste und den Manuskripten – und ständig verwechsle ich sie, und ständig stoße ich mich an ihr.
Gleich wenn ich das letzte Exemplar korrigiert habe, packe ich je eins in ein gesondertes Paket – mit der Aufschrift *Ariadna*. Ich vertraue darauf, daß Sie sie aufbewahren werden.
Der Thiers liegt noch hier, und von Lew Emiljewitsch kein Ton. Vielleicht hat er meine Adresse verloren? Oder hat er es sich anders überlegt? Es beunruhigt mich. Und nachzufragen wage ich nicht, umso mehr, als er vielleicht (Gott behüte!) ernstlich krank sein könnte, und ich sitze hier mit dem Thiers!...
Kurz, der Thiers liegt – und wartet.
Ich verkaufe noch mein dreibändiges (vollständiges) Wörterbuch von Dal und zwei Bände (sehr seltener) Briefe russischer Zaren und Zarinnen – das alles ist in ausgezeichnetem Zustand. Vielleicht fragen Sie jemanden aus Ihrer Umgebung?
Die Briefe sind sehr effektiv für Bibliotheken, in verschiedenen Einbänden (Leder, Goldschnitt). Eigentlich sind es vier Bände, als zwei Bücher gebunden: Briefe russischer Herrscher und anderer Mitglieder der Zarenfamilie (herausgegeben von der Kommission für den Abdruck Staatlicher Dokumente am Moskauer

Zentralarchiv für Ausländische Angelegenheiten) Moskau 1861. – viele Faksimile. Es beginnt mit den Briefen Peters an Katharina, endet mit Anna Iwanowna.
Mir wurden sie einst von E. A. Iswolskaja[1] geschenkt, der Tochter des Botschafters. Ich hätte gerne 100 Francs für sie – sie sind es wert.

Ich träume (bereits auf ganz andere Art!) von Ihrem Kommen. Wann? – Wenn, dann für zwei Tage: dann den ersten zusammen ins Grüne, am zweiten unbedingt in irgendeinen wunderbaren Film: es gibt wundervolle Filme.
Wie steht es um Weras Gesundheit? Wie um Luciens? Schreiben Sie über sich und über ihn, *ich glaube daran*, das alles gut ist – und gut werden wird.
Verzeihen Sie das kurze Briefchen: es warten weitere acht Druckfahnen mit achtmal acht Druckfehlern – in jeder.
Das Wetter wird anscheinend besser, wenn Sie kommen, ist es Sommer.
Ich warte auf Nachricht und umarme Sie.

MZ

P. S. Ich lege eine belgische Briefmarke bei, Ihre, auf die der Stempel nicht gekommen ist: kleben Sie sie mit Papierklebstoff auf und schicken Sie sie – an mich zurück.

59

Vanves (Seine) 65, rue, J. B. Potin
Samstag, 21. Mai 1938

Liebe Ariadna!
Warum schweigen Sie?[1] Ich hoffe, die Ihren (Lucien eingeschlossen) sind gesund?
Wenn Sie aber nicht schreiben – wegen des Thiers, der immer noch hier liegt und nach dem niemand fragt – Ariadna! es lohnt sich nicht, etwas zwischen uns zu stellen, auch wenn es *Bücher* sind! Bücher sollen Annäherung und keine Entzweiung bringen, und ich weiß, daß Sie *alles* getan haben, um mir zu helfen, alles Weitere ist nicht unser Wille.
Bei mir ist es immer dasselbe, mit dem Unterschied, daß ich einen Teil der Sachen verkauft habe (natürlich für ein Trinkgeld, denn ich bin kein Geschäftsmann) – mit dem Gefühl einer großen Erleichterung: ausgeschieden sind mein riesiges Bett, mein Spiegelschrank und mein großer Eichentisch und noch anderes vermutlich. Ich *werde kahl.*
Jetzt schreibe ich im Galopp meine Gedichte und Poeme der letzten 16 Jahre, die in Zeitschriften und Notizheften verstreut sind, in ein gesondertes Büchlein ab – und stehe fast nicht mehr auf vom Tisch.
Deshalb schließe ich und umarme Sie – und bitte Sie zu schreiben!

MZ

Ich hoffe sehr, daß bei Ihnen alles gut geht.
Einen *herzlichen* Gruß an Lucien.

60

Vanves (Seine) 65, rue J. B. Potin
Freitag, 27. Mai 1938

Liebe Ariadna,
Endlich! Ein Brief und die Nachricht von Ihrem baldigen Besuch! Nur, geben Sie *unbedingt* Bescheid, *wann* Sie zu mir kommen: ich bin jeden Morgen mit den Manuskripten beschäftigt, und nach dem Frühstück gehe ich häufig wegen unaufschiebbarer Erledigungen fort, von denen die unaufschiebbarste der Zahnarzt ist. Deshalb muß ich es unbedingt rechtzeitig wissen. Ein Zweites – ich flehe Sie an! – wenn Sie nicht noch von Brüssel aus Bescheid sagen können, geben Sie mir sofort nach Ihrer Ankunft, noch vom Bahnhof aus, einen pneu[1], mit *Ihren* Vorschlägen, – nur nicht übers Telefon, mit dem ich *nicht umgehen kann*, das – gibt man mir nur den Hörer in die Hand – für mich ein *schreckliches* Ereignis ist, ungeachtet dessen, daß unsere Post (in Vanves) weit von uns ist und ich jedesmal den Weg vergesse und mich verirre, und Mur hat nicht immer frei (wegen der Lehrerin). Ein Telefonanruf ist für mich eine Katastrophe, und ein pneu kommt sofort. Nur vergessen Sie Ihre Adresse nicht – für die Antwort, ich habe sie natürlich vergessen.
Ach! wenn ich Geld hätte – ich würde zu Ihnen nach Chartres kommen! Das ist doch nahe, und ich habe es noch nie gesehen...[2]
Am besten wäre, wenn Sie Tag und Uhrzeit schon von Brüssel aus festlegen könnten, dann hätte ich Zeit, Mur unterzubringen – alles ist so kompliziert

– doch wenn wir (falls gutes Wetter ist) nach Versailles führen (statt Chartres!) – könnten wir ihn mitnehmen, er hört *nicht zu* – oder er denkt an seine Angelegenheiten.
Kurz, nach Ihrem Belieben.
Nur – ich flehe Sie an! – keinen Anruf! *und ich bitte Sie sehr – vergessen Sie nicht , Ihre Adresse anzugeben;* ich habe in Erinnerung Bd Exelmans, doch die Nummer ist mir entflogen.[3]
Ich umarme Sie und warte

MZ

Ich bin erst ab zwei Uhr frei, doch jetzt sind die Tage lang! Wir können auch, wenn für Versailles zu wenig Zeit ist, einfach in unseren Wald gehen – 5-7 Minuten mit dem Bus. Nur kommen Sie nicht in allzu hohen Schuhen: der Wald geht den Berg hinauf.
Aber der Wald ist herrlich! Wenn es nur nicht regnet...
Mit einem Wort – ich warte.

61

Vanves (Seine) 65, rue J. B. Potin
Mittwoch, 15. ~~Mai~~ Juni 1938
NB! wenn doch Mai wäre!

Liebe Ariadna! Das ist kein Leben mehr – *nur* noch Manuskripte. Manuskripte, Entwürfe, Exzerpte aus Notizbüchern von 1926, Fahnenkorrektur, die ganze tägliche Arbeit der letzten 16 Jahre, – das alles wächst über den Kopf, „als schlössen sich ruhige Wellen über ihrem Kopf“ (eine berühmte

Stelle aus Turgenjew im Adelsnest: Lisa), keine stillen Wellen, sondern Wellen des Stillen [Ozeans – B. E.]! Das alles ist krampfig, in dem deutlichen Bewußtsein, daß ich es nicht schaffen werde:

> Den Händen entgleitet das Heft,
> Und dünn ist der Hals, den sie streichen.
> Die Zeit ist ein Dieb, stiehlt sich weg –
> Sie läßt mich nicht fertigschreiben.[1]

(André Chenier. Gedichte 1918, und wie sich bewahrheitet hat – 1938.)

Denken Sie daran, daß ich die Hälfte des Geschriebenen nicht mitnehmen kann, deshalb muß ich das, was zurückbleibt (ich muß denken – für immer: das, was ich im Stich lasse), *geordnet* zurücklassen. Darum fürchte ich auch, ich werde drei Monate brauchen. Und nötig wäre – ein Jahr.[2] Ich sitze schon seit 6 Uhr daran, doch ich brauche Ruhe und habe sie nicht, stattdessen – *Angst.*

Alles war bereit: sowohl der Thiers als auch die Herrscher-Briefe und *alle* Kopien meiner Texte für Sie, und Sie hätten die Briefe und Kopien vielleicht noch bekommen können, doch ein Datum war auf dem pneu nicht angegeben, und *heute* könnte gestern bedeuten, denn ich erhielt den pneu sehr früh, und aufgegeben war er in Courbevoie. Offensichtlich waren Sie abends bei den Hartmans, haben ihn dort geschrieben und am Morgen abgeschickt. Mit einem Wort, ich habe aufs Geratewohl (am Morgen, als ich den pneu erhielt) sowohl die beiden Bände Briefe als auch das Paket mit den Kopien mitgenommen und den ganzen Morgen durch Paris geschleppt – das war ein Akt – doch als ich sie schließlich untergebracht hatte, verzweifelte ich, überzeugt, daß Sie am Vorabend abgefahren sind. So haben wir uns verfehlt.

Von Ihrem Bruder – betreffs des Thiers – kein Wort. Ich sage offen, daß das Geld für ihn mir sehr geholfen hätte: ich würde ihn auch für 100 Francs[3] abgeben, andernfalls (mitnehmen kann ich ihn nicht) lasse ich ihn bei Bekannten – zum Verkauf, schon „postum", und aus solchen Büchern schwindet niemals der Sinn: er ist ein Kranich am Himmel!

Doch kann ich mich (L. E.)[4] *nicht* aufdrängen.

Liebe Ariadna, wir werden uns wohl kaum noch sehen: gleich am 12. ist mein Umzug – ich weiß jetzt noch nicht, wohin, der Umzugsalptraum wird also in vollem Gang sein, und mir wird keine Sekunde Zeit bleiben. Bis zum letzten Moment werde ich Möbel verkaufen und Bücher verpacken. Ich kämpfe und werde kämpfen – vollkommen allein.

Doch schreiben werde ich Ihnen bis zum letzten Tag. („Und dann begann das Schweigen". Ich zitiere mich selbst, aus dem Schluß der Erzählung von Sonetschka, die die Welt nicht mehr erblicken wird.)[5]

Ariadna, mir tut es unendlich leid um Sie – und Lucien. Als wär's um mich. Und – ohne wäre – um mich. Denn dies ist *meine* Geschichte – die meines Lebens, seines nicht faßbaren Spinnennetzes von Hindernissen und Tücken. Nicht seine Schwester, sondern die *Konvention* läßt Ihnen Lucien nicht. Die ganze unbeugsame Lebensweise des alten

Flandern – und des neuen Belgien. Alle diese „jungen Mädchen, derer er würdig ist", doch die *seiner* nicht würdig sind, denn das wäre dann eine beliebige, und er ist einzigartig – *die Konvention* ist es, die seine blinde Schwester für Liebe hält: für ihre zu ihrem Bruder. Die feste Lebensform hantiert überhaupt mit den Blinden – und hält sich an sie (eine Blinde [slepiza] ist aber im Tschechischen ein Huhn, mit Betonung auf sle).
Ich würde Lucien – angesichts der Konvention – nicht verteidigen, denn ich verachte Lebensform und Kampf, ich würde mich *wirklich* frei machen, wie ich mich viele, viele Male freigemacht habe von dem, was mein Glück hätte sein können. Gebe Gott, daß Sie sich *nicht* lossagen – und ihn verteidigen.
Ich umarme Sie, wünsche Ihnen Ruhe und Gesundheit. Ich warte auf Nachricht.

M.

62

Vanves (Seine) 65, rue J. B. Potin
Montag, 20. Juni 1938[1]

Liebe Ariadna!
Mur hat sich gerade mit zwei Paketen zu den Ihren begeben – mit allem, was ich von meinem Gedruckten zusammensammeln konnte – und mit den Briefen der russischen Herrscher.
Doch – das Wichtigste – wenn Sie bis zum 17. hier sind, werden wir *uns sehen*, denn auf jeden Fall werde ich mich *irgendwo* aufhalten müssen – an

einem neuen Ort, denn die Wohnung ist zum 15. gekündigt.
(Am ehesten in irgendeinem kleinen Hotel.)[2]
Und noch etwas sehr Wichtiges – Ihre Gedichte.[3]
Sie *werden* schreiben, doch Sie müssen sich vollkommen von *geistigen* Wörtern lossagen, den einzigen, die in den Text *nicht* passen, den Wörtern *ohne Körper,* den nicht organischen, die *nur* Bedeutung sind.
Tu n'es plus *actuel – das ist unmöglich, glauben Sie mir!*
Tu n'es plus *aujourd'hui* – tu deviens souvenir[4]
apatique – das paßt nicht, denn es ist nur die offizielle Bezeichnung, Apathie muß mit einem lebendigen Wort, durch ein Beispiel wiedergegeben werden, ebenso – hors de mon influence – das ist ziemlich *kalt*, ebenso *intime* – paßt nicht, das muß man durch ein Bild wiedergeben, durch einen Gegenstand, aber nicht durch eine Bestimmung, das ist *nicht der richtige* Wortschatz.
Die beste Stelle von allen Gedichten:

> Les lettres du Prince Charmant
> En khaki, là-bas, sous les armes![5]

Das ist die *volle* (künstlerische) Realität – und eine unerwartete Wendung, man ist versucht zu lächeln – bis dahin gut!
Noch gut:

> Je vivais dans un (beau) château –
> Je meurs dans une forteresse[6]

– eine Gegenüberstellung zweier Dinge auf gleicher Ebene.
Doch beau ist schwach, suchen Sie etwas Stärkeres, Schärferes, etwas dem Ohr Ungewohntes. Su-

chen Sie unter den einsilbigen Wörtern: fier ist nicht gut, denn es gibt auch forteresse fière (und wie!), gai ist wertlos, grand – zu allgemein, hier muß der Eindruck von Freude entstehen, nicht schlecht wäre *clair*, denn eine forteresse ist dunkel, doch man kann (dessen bin ich sicher!) auch noch etwas Besseres finden. Doch clair ist nicht schlecht: lesen Sie es sich laut vor.[7]

Prose quotidienne – das ist nicht gut, ein Gemeinplatz, diese beiden Wörter allein – prose quotidienne, *lutte* quotidienne ist schon besser, aber auch *zu allgemein*, hier geht es um das Substantiv – crève ist nicht schlecht, doch es paßt nicht zu dem allgemeinen Ton der Gedichte, (ça les fait exploser) – obwohl, in Verbindung mit rêves ist es nicht schlecht (aber trotzdem rate ich nicht dazu). Gut wäre mort, *daneben* kann man auch sagen, denn hier gibt es zwei Möglichkeiten: 1) entweder das, was jeden Tag abläuft (z. B. lutte – *guerre*) 2) oder das, was nur einmal geschieht – mort – und dennoch jeden Tag.[8]

Nun, ich schreibe wahnsinnig in Eile. Die Steuer ist gekommen, ich muß Bücher für den Verkauf zusammenstellen, Essen kochen, weitere Druckfahnen korrigieren – Augenblicke lang verzweifle ich – doch die Zeit geduldet sich *nicht* mehr.

Wünschen Sie mir Courage!

Ich umarme Sie

M.

Schreiben Sie Lucien – aber schicken Sie es nicht ab – sinnlos. Sie werden ihn irgendwann einmal mit Ihren Gedichten – wenn sie gedruckt sind – nehmen. Er wird sich in ihnen wiedererkennen. So einer ist nur mit *Gesang* zu nehmen!

P. S. Sie bekommen von mir noch Geschenke – zum Abschied. Ich bin gerührt – von den Briefmarken. Der Allmächtige Gott der Details – der Allmächtige Gott der Liebe...[9]
P. S. Der arme Mur hat sich mit den Paketen zurückgeschleppt.[10] Sie schreiben *21* wie 91, und er hat die 91 gesucht, und so eine Nummer gibt es gar nicht. Jetzt probieren wir die 21!

63

Vanves (Seine) 65, rue J. B. Potin
Mittwoch, 22. Juni 1938

Liebe Ariadna!
Es soll wohl nicht sein: Mur fuhr ein zweites Mal mit Büchern und Manuskripten los – diesmal zu Nummer 21, die sich als maison désaffectée depuis 30 ans[1] herausstellte, mit rostigem Gitter und völlig taubstumm. Mur stand lange und klopfte – ein schwarzer Briefträger fuhr vorbei, und der tröstete ihn ihn: faut pas frapper: personne viendra: personne depuis 30 ans.
Und die 91 gab es, wie ich Ihnen schon schrieb, gar nicht[2], denn die Straße (Erlanger, – es gab bei uns in Rußland, auf der Krim, in Jalta einen wunderbaren Park namens Erlanger, und wir wohnten auf einer Datscha) endet mit der *61*.
Gott sei Dank habe ich Mur nicht zwei-drei Thiers aufgebürdet, d.h. zwei-drei Pud, er kam grognant und grondant zurück[3] – es ist zum Ersticken heiß. Kurz, die Pakete liegen hier. Wenn Sie schon am 12. bei mir sein können, bekommen Sie sie. Und

Sie werden das letzte Ende meines Hauses sehen. Ich umarme Sie und frage nicht einmal, was mit den Nummern ist – ich habe mich an solche Dinge gewöhnt: j'en ai vu d'autres, richtiger – j'en ai pas vu d'autres: bei mir sind ganze Städte zusammengestürzt, was sind da Nummern!
Ich würde mich über eine Nachricht von Ihnen freuen.

M.

64

Ohne Adresse, denn dieser Tage wird es eine neue geben: am Meer –
doch mit Datum: 11. August 1938, Donnerstag

Liebe Ariadna,
Gerade eben kam Ihr Brief[1], und ich antworte sofort, – morgen kann ich es schon nicht mehr: wieder packen! – Am 15. fahre ich mit Mur an den Ozean – für 2-3 Wochen: in die Umgebung von Cabourg (Calvados) – 2 1/2 Stunden Fahrt von Paris.
Es ist sinnlos, sich vagen Hoffnungen hinzugeben, „auf gutes Wetter am Meer zu warten" – und nicht einmal am Meer, sondern an der Metro-Station Mairie d'Issy. Aber ein Zimmer am Meer ist billiger als in Issy. (Mein Gott, wie wundervoll wäre es, wenn Sie zu mir dorthin kommen könnten!! Dort gibt es Felsen und nächtlichen Fischfang: sie könnten Fische fangen, und wir würden – von den Felsen aus – zusehen. Und plötzlich – aufwachen?!)
Diesen ganzen Monat habe ich über meinen unvermeidlichen Korrekturen zugebracht – und ich

nehme sie mit („die süßen" – bitteren! – „Reste"). Ich schicke Ihnen (als Geschenk) die unversehrte Korrektur meines Poems vom Berg[2] – meine größte *Liebes*geschichte und eines meiner liebsten und *eigensten* Stücke.
Das war – der Berg und das Poem – 1923-1924, in Prag, und dieser Berg war einer der Prager Hügel.[3] Es tut mir bis heute weh, es zu lesen. Doch ihn zu sehen nicht, schon *lange* nicht mehr. Von der *Liebe* sind nur die *Gedichte* unversehrt geblieben.
Er ist noch jung, und jetzt kämpft er im Republikanischen Spanien.[4]

Etwas anderes: Ljoscha[5] habe ich gleich nach Ihrer Abreise geschrieben – aber kein Wort: „Wenn Sie sich befreunden möchten – dann soll es sein, wenn Sie nicht wollen, dann *nicht*; kompliziert zu antworten, ist nicht notwendig: ich bin friedfertig – und großzügig".
Ich bin ihm ganz und gar nicht böse und habe die besten Erinnerungen an ihn. Er ist bezaubernd, und das ist in unserer armseligen Welt viel.

„petits et sales..."[6]
Das wird sie wiederholen – ihr ganzes Leben lang. Und das ganze Leben lang – wollen wir hoffen – wird sie aus einem fremden Zimmer herausgehen – im Traum – mit wem es ihr gefällt – oder allein. Mir gefällt sehr, daß sie sich als Freundin die Älteste ausgewählt hat: die Erzieherin. Doch wen wird sie sich dann aussuchen – wenn es keine *älteren* gibt?! Ihr bleibt nur *die Größe*.
Ein seltsames Mädchen. Schon mit einem Schicksal: schon in Not.

Zu meinen Freunden[7]: er ist sehr hübsch: breit, gutaussehend und (polnischer Abstammung) *fröhlich*, doch unkultiviert und, was noch schlimmer ist, vollkommen von ihr beherrscht: hühnerhaft (beachten Sie die Konsonanz! so ist es aber). Bis zur Eheschließung mochte sie *irgend etwas* (die Natur, deutsche Bücher, Gedichte, mich), als sie heiratete (in erster Ehe) begann sie, *ihn* zu lieben, und jetzt liebt sie nur sich, also: *alles*. Und er liebt *sie* (die *nichts* ist, doch das eigene und ein selbstbestätigendes Nichts). Als Natascha klein war[8], erzählte sie manchmal allen und jedem von ihrer (sie stottert) „Kakaschka“ (Ka-ka-ka-kaschka!) [von Kaschka = Breichen – B. E.], und selten über Kascha (Reis- oder Grieß-). Sie kann wahnsinnig kränkend sein, darauf mache ich aufmerksam: sie mag Besuche, Toiletten, alles „Weltliche“, und – das ist schon eine Manie – niemand wird ihr diese Toiletten und Besuche bieten. Sie ist schrecklich seicht – in allem! Mit einer anderen Frau würde er – könnte er – ein richtiger Mensch werden, denn die grundlegende *grandezza* hat er, es fehlt ihm nicht an Kultiviertheit, das ist erlernbar, aber sie ertränkt ihn im Sumpf von Indefrisables, Servicen, Trois-Quarts und den „Nowinki“ [„Neuigkeiten“] (sie liest nur die „Nowinki“ – das ist *ihr* Wort). Eine *wilde* Mischung. Doch ihr Vater ist bemerkenswert[9]. Die Mutter – eine Heilige.[10] Aber da sie ein Stückchen meiner Jugend (wir haben uns 1922, in einem wundervollen tschechischen Dorf kennengelernt) – ein Stück meines Poems vom Berg ist – und weil sie mich irgendwann einmal sehr rührend und intensiv geliebt hat, liebe ich sie trotzdem ein wenig, obwohl sie *jetzt* zu lieben heißt, nichts oder niemanden zu lieben.

Sie ist *sehr* eifersüchtig (obwohl *er* sie liebt) et le couve.[11] Eifersucht auf *Wohlstand*, den es bei ihr weder zu Hause noch mit dem ersten Mann gab. Ich bitte Sie, diesen Brief entweder zu vernichten – oder gut zu verstecken. Es wäre eine *Katastrophe*.

Also, warten Sie auf Nachricht, schon sehr bald. Wie schade, daß es von Ihnen zu mir so weit ist! Zu weit, als daß die Ozeane einander näher kommen könnten?!

Doch diese Entfernung – von Ihnen zu Lucien – ist schwerwiegender[12]: nein, von Lucien zu Ihnen, denn das ist eine Entfernung zwischen *Schwäche* und Stärke. Nun, wir wollen hoffen... Es tut weh, natürlich, ich kenne das von *meinem* eigenen leichten Schmerz, wenn ich keine Antwort bekam...

Arbeiten Sie – gehen Sie – leben Sie – *die Zeit tut das Ihre*. (Von mir zu Petite Sainte Thérèse ist es nur ein Katzensprung. Wenn Sie kämen, gingen wir zusammen).

Ich küsse Sie und liebe Sie.

M.

Um Gottes Willen, schützen Sie den Brief vor Blikken!!

Die Termine sind mir noch völlig unbekannt: nicht vor dem 15. Sept., aber vielleicht auch später. Sehen wir uns?

65

Dives-sur-Mer (Calvados) 8, rue du Nord
Donnerstag, 18. August 1938

Liebe Ariadna! Nicht wahr – ein *wunderbarer* [russ. diwnoe – Wortspiel – B. E.] Name? Ich habe einmal – vor fast 20 Jahren! folgenden Vers (die letzte Zeile eines Gedichts) geschrieben:

... Den toten Igor beweint der Diw[1]

(Diw ist ein geheimnisvolles Wesen aus dem Igorlied[2]: ich glaube – halb Vogel, halb Seele...)
Unser Dives ist halb Guillaume-le-Conquérant[3], halb Arbeitersiedlung, mit einem einzigen Haus in der ganzen Straße, jedoch mit verschiedenen Hausnummern (staatliche Wohnungen für Fabrikarbeiter.)
Mur und ich haben ein helles Zimmer – dort koche ich auch, aber waschen kann man sich nicht: man muß es in der Küche tun, doch in der Küche hält sich die ganze Familie auf: Vater, Mutter und vier Kinder. Ich bat heute den Hausherrn hinauszugehen, er ging – kam aber sofort wieder, und ich wusch mir die Beine, mehr oder weniger im Hemd, er störte sich nicht daran, also tat ich es auch nicht. Mir schien, er ist nicht von hier, und er erwies sich als: Ni-ki-ta: so nannte ihn seine Frau – und es stellt sich heraus, er ist Russe, der russische Vater von vier *normannischen* Kindern, die keinen Ton Russisch können; für die Augen des älteren Jungen: maßlos, kastanienbraun, hitzig (warum hat er solche Augen?) – würde ich meine Seele hergeben.

Das Meer ist einen Werst entfernt. Der Strand ist wie alle anderen auch: ziemlich viele Leute und Heiterkeit: das *Meer* hat keinerlei Ähnlichkeit mit seinem Ufer. Mur spielt mit Entzücken mit dem Arbeitervolk (kaum mit Sommergästen, männlichen Geschlechts) und ist ein wenig von seinen Zeitschriften abgekommen. – Wir sind über Lisieux gefahren, haben eine schreckliche!! mauretanische Kathedrale gesehen, die das Andenken der hl. Theresia zu ehren glaubt, doch auch etwas anderes haben wir gesehen, das Kloster im Innern der Stadt, jenes, über das sie vor vierzig Jahren gesagt hat: – C'est le froid qui m'a tuée.[4]
Das Städtchen ist bergig, lieblich.

Ich denke, ich werde drei Wochen hierbleiben, so daß – hoffe ich! – wir uns noch sehen. Doch *dieses* Mal wird das *letzte* sein. (Oh, Gott, Gott, Gott! *was* tue ich da?!)[5]
Schreiben Sie. Dies ist die letzte Frist für verwandte Stimmen. *Dann* (wie in meiner Erzählung von Sonetschka) *begann das Schweigen.*

Haben Sie meinen vor der Abreise geschriebenen Brief bekommen, wo ich von unseren gemeinsamen Bekannten erzählte? Wie gefällt Ihnen (oder *miß*fällt Ihnen) das Mädchen? Unter anderem eine *mechanische* Leidenschaft für Gedichte – wie bei der Mutter.
– Ach, Lucien, Lucien! Der alles versteht und nichts vermag. Sollte man ihm eine Bluttransfusion (mit Ihrem Blut) machen? Ich umarme Sie und warte auf Nachricht.

MZ

66

Dives-sur-Mer (Calvados) 8, rue du Nord
Samstag, 3. September 1938

Liebe Ariadna!
Ich schreibe Ihnen schon nach Paris, denn Sie haben geschrieben: vom 3. bis zum 10. O weh! etwa nur bis zum 10.? Denn ich werde vor dem 10. nicht abfahren, vielleicht sogar erst danach. In Paris wartet eine fürchterliche Unordnung auf mich, und am ersten Tag die Notwendigkeit des Ab- und Anmeldens, denn ich wohne zur Zeit nirgends: das Zimmer in Issy habe ich *natürlich* verlassen (d.h. – aufgegeben), ich fahre nach Paris, „quartiere ich mich ein" – in dem früheren Hotel – ich weiß noch nicht, *nichts* weiß ich über meine nächste Zukunft, ich weiß nur, daß so ein Leben mir schrecklich zuwider sein wird.
Die noch verbleibende Woche brauche ich für die Beendigung verschiedener Arbeiten, die ich mitgenommen habe. Ich fürchte, daß ich in Paris keine Muße mehr haben werde. Ich werde tun – was ich kann.
Der zweite Teil der Sonetschka (meiner letzten größeren Arbeit hier) und noch eine Reihe von Texten[2] liegen für Sie bei Margarita Nikolajewna Lebedewa[3] – 18 bis, Rue Denfert-Rochereau – für den Fall, daß wir uns nicht mehr sehen können. Ich werde mich bemühen, Ihnen noch den Text abzuschreiben, den wir zusammen korrigiert haben (meine „Varianten") – im Wald von Boulogne – erinnern Sie sich? Ein anderer Text[4] aber ist schon fertig abgeschrieben für Sie. Sie werden

selbst einsehen, daß er nicht für andere Augen bestimmt ist.
Ich bin schon lange nicht mehr am Leben – denn so ein Leben – ist kein Leben, sondern ein endloser *Aufschub*. Man kann nur für den heutigen Tag leben – ohne Recht auf ein Morgen: ohne Recht auf die Sehnsucht danach! Aber ich habe immer, seit meinem siebten Lebensjahr – mit einer „Perspektive" gelebt (das war mein Kinderwort, das sich mir in der Art eines *Panoramas* präsentierte – auch Dinge aus meiner Kindheit).
Doch ein „Panorama" – gibt es nicht. Und ich hasse das Hotel, so ein Leben hat für mich etwas – Schändliches, als hätte ich ein anderes nicht verdient! Hoffentlich gibt es richtige Zimmer (wie in den *Jahren* in der Tschechei!) – und keine „chambres meublées"![5]
Nun, so ist das.
Im Meer haben wir gebadet – einmal: es war schmutzig, *mild* und kalt. Doch die Spaziergänge über die Hügel, mit dem Meer aus der *Entfernung*, das mit jedem Schritt nach und nach seine ganze Größe offenbart, waren herrlich. Da gab es alte Bauernhöfe und alte Bäume – und das ewig-jugendliche Grün mit ewig-kauenden Kühen. Und Landwirtschaft – wie überall und immer. Sehen Sie: es ist noch, und ich sage bereits: *es war!*
Aus Paris schreibe ich umgehend – teile Ihnen die Adresse mit, die ich jetzt noch nicht habe.
Ich umarme Sie, denke *immer* an Sie und liebe Sie

M.

Wenn Sie gleich antworten, erreicht mich der Brief noch hier. Ich möchte über das Ende Ihres Sommers erfahren, über Ljuljas Keuchhusten (ich *ken-*

ne die Greuel!!), von Ihren nächsten Plänen, von Ihrem „Panorama“ – à défaut de la mienne...[6]
Mur ist noch gewachsen und teilt seine 24stündige Ruhepause zwischen Mickey und Humanité[7] auf. Dazwischen – Fahrradfahren. Aber trotzdem – „es geht mir gut in seinem großen Schatten“ (ein Vers der Achmatowa wohl)[8].

67

32, Bd Pasteur Innova-Hôtel, ch. 36 Paris
17. September 1938

Liebe Ariadna!
– Nicht wahr, das ist eine Ironie: Innova-Hotel? *Zwei* Ironien: *Innova* und *Hôtel* – mir, die ich *alte Häuser* und sonst wohl nichts mehr liebe – in ihnen gibt es alles: Aussichten und Erscheinungen und Gras in den Ritzen (des Fußbodens) und den Mond zwischen Ritzen (des Daches) ... – dieser Brief könnte auch vor hundert Jahren geschrieben sein – *1838* – er ist auch hundert Jahre alt – wie unsere Freundschaft.
Aber das Innova-Hotel – ich schenk es *denen.*[1]
Ein *großes* Zimmer, und wenn Mur nicht schwindelt, ist vor dem Fenster die Kirche St. Germain d'Auxerrois[2] zu sehen, und selbst wenn er doch schwindelt – eben eine andere Kirche, eine alte, und schon am ersten Morgen war eine Beerdigung – ganz in Rosa: drei Autos mit rosa Kränzen – und nicht ein weißer!
Im Zimmer gibt es außer dem Uhrturm einen Gaskocher und ein Waschbecken mit heißem Wasser,

doch Platz für den Hausrat gibt es nicht – und es liegt alles am Boden – völlig offen und ungeschützt: vor fremden Augen – und unseren Füßen: Mur, tritt nicht auf den Kaffee! Mur, du bist wohl in die Kartoffeln getreten!
Aber wir leben in vollkommener Freiheit: niemand kommt und räumt auf, und da es keinen Besen gibt, sind überall – anfangs Schafwollflöckchen, dann ganze Schaffelle, Herden von Fellen – und sogar mit Locken – und ich bin der Hirte...
Fünfte Etage, einen Lift gibt es, Gottseidank, nicht (ich habe *wahnsinnige* Angst davor, gäbe es einen, müßte ich damit fahren und mir dabei nicht ein Laster zuziehen, sondern einen Herzschlag – vor Angst!) – nun, wir leben, ohne etwas zu erwarten... Es heißt (unbestimmt) – in zwei Wochen, in einem Monat, das ist jedoch *unterschiedlich*, aber außerdem gibt es jetzt die historische Einheit der Zeit – *eine Stunde* und sogar zehn Minuten...
Doch da ich nichts tun kann – weder in meiner Geschichte noch überhaupt, schreibe ich von Hand – wie die alten Mönche – das Wertvollste, nie Gedruckte von mir ab (drei Texte)[3] – um es später Ihnen zu geben mit der Bitte, es nicht im Stich zu lassen, selbst bei Bombardierungen nicht...
Schreiben Sie über sich, von *Lju*lja, von *Lu*cien (beachten Sie die Identität der *Anfänge* – und die Verschiedenheit der *Enden!*) und Wera... In Bälde schicke ich Ihnen Murs Karten vom Sommer. Es sind schöne dabei. Ich warte auf einen Brief. Gleich gehe ich mit Mur in den Zoo de Vincennes[4] – solange sie noch nicht in den „Winterquartieren" sind... Ich umarme Sie

M.

68

32, Bd Pasteur Innova-Hôtel, ch. 36 Paris 15ème
10. November 1938

Liebe Ariadna!
Hundert Jahre habe ich Ihnen nicht geschrieben, und Sie denken sicher, daß es mich nicht mehr gibt. Doch, es gibt mich noch, doch nur zur Hälfte, im dichten Nebel der eigenen und allgemeinen Ereignisse, unbändig bekümmert über das Schicksal meiner zweiten (und Murs erster) Heimat, der Tschechei – und über so vieles andere!
Was mich betrifft, so weiß ich nichts, wenn ich etwas erfahre, werden Sie es auch erfahren.
Mur und ich leben vorerst im Hotel, schauen auf den Uhrturm (symbolträchtig! doch was ist *kein* Symbol??), ich lese viele Bücher, ich habe gelesen: Madame Curie – par Eve Curie[1] – geschrieben, wie man es besser nicht schreiben kann, doch Eve selbst ist, aus einigen durchschimmernden Charakterzügen zu schließen, unsympathisch; ich habe Le Juif Süss (Jud Süss – das kennen Sie sicher?) von Feuchtwangler[2] gelesen, jetzt lese ich zum ersten Mal in meinem Leben Onkel Toms Hütte[3], und ich muß sagen, das ist ein ausgezeichnetes – ein mutiges – und ein sehr aktuelles Buch. Alle Kränkungen sind so alt wie die Welt.
Mur hängt auch in der Luft, d.h. er lernt nicht, liest und zeichnet jedoch viel und wächst phänomenal: *alles* ist zu klein, aus allem ist er herausgewachsen, und ganze Tage lang lasse ich alles heraus und mache alles länger.

Wir sehen fast niemanden, und es kommt niemand zu uns.
Schreiben Sie, liebe Ariadna, von sich! Wie geht es den Kindern? der Arbeit? Ihren Freundschaften? Lucien? Gibt es *Erfreuliches?*
Kommen Sie nicht nach Paris? Dann wird es [Grund zur Freude – B. E.] geben (bei mir auf jeden Fall!)
Haben Sie die große Übersetzung beendet?
Schreiben Sie Gedichte?
Wenn ja, schicken Sie sie.

Dies ist nur ein Lebenszeichen. Auch ich warte auf ein Lebenszeichen.
Und mit einem Mal werden wir uns tatsächlich nicht mehr sehen? Ich hatte *nicht* das Gefühl, es sei das letzte Mal. Ich küsse Sie und warte.

MZ

Am 1. und 2., an den Gräbern von Verwandten und Freunden[4] habe ich viel an Ihre Butja gedacht – mit Wehmut[5] (ein russisches Wort gibt es nicht) – mich an ihre deutschen Gedichte über die Schaukel und an die ganze wunderbare Zeit erinnert – ach!
In ihr lebte etwas Geheimnisvolles und Glühendes, sie küßte so heftig zum Abschied, als habe sie die Hoffnung aufgegeben, es aussprechen zu können. Sie wäre sicher Dichter geworden.

69

32, Bd Pasteur – Hôtel Innova, ch. 36 – Paris 15ème
26. November 1938

Liebe Ariadna!
So darf es nicht sein[1], und so wird es auch in keinem Fall gelingen: das ist nicht Ihre (nicht unsere) Bestimmung im Leben. Schauen Sie in Ihr Gesicht – und lesen Sie darin. Sie und ich sind zur Tapferkeit *verurteilt.* Drehen Sie sich, wie Sie wollen, etwas in Ihnen will *nicht:* es will auf seine Art. Wenn man von meiner „großen Tapferkeit" spricht – meiner Abgeschiedenheit – meiner Furchtlosigkeit – dann lache ich innerlich – aber niemals nach außen: ich bin doch zu all dem verurteilt: ich will – will nicht, und besser als wollen ist: mit sich selbst ein Einklang kommen. Quält Dich in tiefster Brust – Das harte Wort – Du musst – So macht Dich eins nur still – Das stolze Wort: Ich will.[2] (Kindheit – Freiburg im Breisgau[3] – ein von mir ausgewählter Spruch[4]. Das ist auch „der Wille zu sich selbst", richtiger – der ganze berüchtigte „Wille zu sich selbst" ist nur das Einverständnis mit dem eigenen Selbst: das man nicht ausgewählt hat – und vielleicht auch nicht ausgewählt hätte. Mein ganzes Leben habe ich sie beneidet: erst die einfachen „jeunes filles" mit Bräutigam, Tränen, Mitgift usw., dann die einfachen jeunes femmes[5] – mit einfachen Romanen oder sogar ganz *ohne* – ich habe sie das ganze Leben lang beneidet – alle, die nicht ich sind, jetzt beneide ich (komisch, aber es ist so) besonders Elvira Popescu[6] (meine Lieblingsschauspielerin: ich schäme mich nicht zu sagen,

daß ich ihr durch alle Kinos hinterherlaufe – Vorstadt- und *nicht* Vorstadtkinos) und – sie und ich sind gleich alt; nun vergleichen Sie bitte: was gibt es da Gemeinsames? Nichts, außer meinem Neid – und meinem Verständnis. Ich sage noch mehr – in der Liebe – was ich an mir nie zugelassen habe – daß man mich liebt wie eine Beliebige – das heißt: sinnlos und ohne Verstand – gab es das auch nur einmal?? *Nein.* Auch nicht eine Stunde. J'avais beau oublier qui j'étais (ce que j'étais!) – l'autre ne l'oubliait – jamais.[7]

Ein zweites Beispiel: ich habe *ein Jahr* lang keine Gedichte mehr geschrieben: keine Zeile: völlige Stille, das heißt: Verszeilen kamen – und gingen: machten mich ausfindig – und gingen: ich habe nichts aufgeschrieben, und es gab *keine* Gedichte. (Sie schreiben ja und wissen, daß es nicht aufgeschriebene Gedichte nicht gibt, nicht nur nicht *auf*geschriebene, sondern noch nicht einmal *hin*geschriebene: daß das Arbeit ist – und was für eine dazu!) Und nun die Ereignisse in der Tschechei[8], und ich weiche ihnen seit einem oder sogar seit anderthalb Monaten aus: ich verstopfe mir *jene Ohren*, ich will *nicht:* wieder schreiben und mich quälen (denn das ist eine Qual!), ich will von morgens an flicken und stopfen: nicht sein! als hätte ich *nicht* existiert – das ganze Jahr, und da niemand sie aufgeschrieben hat und aufschreiben wird, muß ich schreiben. Die *Tschechei* wollte das, nicht ich: *sie* hat mich ausgewählt, nicht ich sie. Und nachdem ich es aufgeschrieben hatte, fühlte ich, daß der Berg von den Schultern, daß alle ihre Berge – von *meinen* Schultern genommen sind!

– Nicht alle: es bleibt noch der Berg mit dem ersten Radium[9] der Welt – doch ich habe kein Lehrbuch, und niemand weiß, wie mein Berg heißt: die einen sagen „Monts Métalliques", die anderen – Ausläufer des Riesengebirges [dt. – B. E.] (Krkonosch), für mich ist es der Berg Curie: Marie und Pierre Curie: *ihr eigener* Berg.
Ich habe in die Tschechei geschrieben, um seinen realen Namen zu erfahren – und nun warte ich. (Was für mich die Tschechei ist, wissen Sie zum Teil aus meinem Poem vom Berg: „Gleich einem Bärengraben – Und den zwölf Aposteln..." Der *Prager* Bärengraben (mit russischen Bären, die von Legionären aus Sibirien hergebracht wurden) – und *Prager* Aposteln: der schwarzlockige Johannes und der rothaarige Judas – und noch zehn – die um den Uhrtrum herum vorbeiziehen – mittags und um Mitternacht... Doch nicht nur das ist die Tschechei, *so vieles* noch! Und sogar das erste Radium. Und Goethe, der von seinen Spaziergängen Steine mitbrachte... Und Golem... Und nur zwanzig Jahre Freiheit...)
Um auf Sie zurückzukommen: mit Ihnen, Ariadna, war es und wird genauso und dasselbe sein, und es beginnt mit *kein: kein* Kleinmut, *keine* Furcht, *keine* Verknöcherung, *nichts* von all dem, das Ihnen nicht gegeben ist, nicht einmal leihweise, nicht einmal ungesüßt. Und mit diesem *Kein*, mit dem ersten *Nein* kommt unausweichlich das erste *Ja*. Meine ganze Tschechei hat doch mit einem *Nein* begonnen, und welches *Ja* hat sich daraus ergeben, (zur Erklärung: mit *nein* – zu allem, was aus ihr gemacht worden ist!) und ich fühlte – wie seltsam – daß Schutz notwendig ist. Nicht umsonst

war dieses ganze Prag in der Nacht vom 20. auf den 21. November ein einziger Schrei: „Man hat uns im Stich gelassen! Wir können von niemandem Schutz erwarten!“ Und dann das alte Märchen:

Et s'il n'en reste qu'un – je serai celui là.[10]

Und dann war da ein französischer General[11], der in den tschechischen Dienst übergewechselt war, ein einsamer Offizier, der das Gewehr nicht abgegeben hatte: sechs Kugel fielen irgendwohin, die siebte traf ihn, da waren einige Schriftsteller und Komponisten, Madame Joliot-Curie[12] *(sie erinnerte sich an das Radium ihrer Mutter!)* – einige Russen – ehemalige Studenten der tschechischen Universität, *weinend*, daß es nicht gelungen war, für die Tschechei zu sterben – und ich. Das sind *wir*. Und nur *so einem Wir* stimme ich zu.
...Ariadna, ich möchte *auch* schlafen.

Und schlafen möcht ich, schlafen –
Bis meine Zeit herum[13]

doch es ist mir nicht gegeben zu schlafen, denn dieser Schlaf muß von jemandem zum Ausdruck gebracht werden. *Wie sehr* möchte Chamisso schlafen – um es auszudrücken, aber er hat doch nicht geschlafen: er hat es gesagt!
/... Ariadna, mit den beginnenden Regenfällen und der sich immer wieder verschiebenden Abreise – als seien alle Dampfer abgefahren! *alle* Züge abgefahren! – will ich von morgens bis abends nur eines: schlafen, *nicht* da sein. *Aber* – ich brauche nur in ein Zimmer zu kommen, wo Leute sind (das ist selten, aber es kommt vor), und ich sehe – mit

Erstaunen, daß *alle* schlafen – außer mir – *alle*, und denken, sie leben – und regieren die Welt. Und ich höre schon meine Stimme: – Nein. *Nicht* so. Falsch. Stimmt nicht. Verwerflich. Und – o Gott! *warum* schlafe ich nicht!
Als hätte ich jemandem das *Wort* gegeben – bis zu *jenem* Schlaf nicht zu schlafen. Als hätte ich nicht das *Recht* zu schlafen: physisch zu schlafen, auf dem Bett. Wenn ich *als Kind* verschlief – bis 9 Uhr – war es mir *peinlich*, und so war es das ganze Leben. Und wenn ich jetzt zufällig länger als bis 8 Uhr schlafe (das kommt niemals vor), bin ich dunkler als eine Wolke: als hätte ich eine *Gemeinheit* begangen. Ausnahme sind die Träume. Wenn ich Traumbilder sehe, d.h., wenn ich mich an sie *erinnere* – bin ich stolz, so stolz, wie ich es nicht einmal am Tag der Beendigung eines zweitausend Zeilen umfassenden Werks wäre, denn der Traum ist – ohne *mein* Zutun, von selbst gegeben, mir geschenkt, ist jemandes *Aufmerksamkeit*, der Beweis, daß ich, trotzdem – etwas wert bin...
...Um das zu beenden:

> Ich wollte immer sein wie alle,
> Doch hört' die Welt mein Jammern
> In ihrer Pracht und Schönheit nicht –
> Und wollte sein wie ich.[14]

– d.h. ununterbrochen hat er mir meine hohe Bestimmung bewiesen – und aufgedrängt, für die *ich nichts kann.*
Ich schreibe Ihnen das alles, weil Sie genauso sind wie ich. Sagen Sie nicht *nein. Ja.*
Ihr gegenwärtiger Zustand ist natürlich. Sie sind mit vollen Händen zurückgeblieben, als Sie woll-

ten, daß auch die *Hände nicht bleiben!* – Das kommt vor. – Bei *mir* – mein ganzes Leben. Die Lösung liegt darin, daß *nehmen* keine geringere Fülle und Kraft erfordert als *geben*. Gehen Sie zu einem Menschen mit leeren (bittenden) Händen – wie alle – wie alle Frauen –, würde Ihre Leere angenommen werden. Nur *Götter* fürchten *Gaben* nicht. Begegnen Sie einem Gott.
Sie erkennen ihn an der unabänderlichen Leere seiner empfangenden Hände: an der Unabänderlichkeit seines Hungers auf Gaben: eine Herzensglut. Ein Gott ist verschlingend. Durstig sind nur die Menschen. Ihr Lucien (wie alle meine Luciens – es waren viele – es ist der gleiche Schlag!) hat Sie – uns – mit vorgegebenem Hunger und Durst getäuscht: die Schatten der Unterwelt brauchen nur einen *Tropfen* lebendigen Bluts: *wir* haben unser *ganzes* getragen!
Doch uns beide, Ariadna, wird man an der Unausweichlichkeit der *Gabe* erkennen, die erst (tatsächlich?) mit dem Leben endet. Deshalb haben die Luciens ihr Ende, wir nicht. Stellen Sie sich ihm nicht gegenüber: Sie sind *nicht* er. Sie sind sein Gegenteil. Stellen Sie ihn vor sich hin – wie einen Stein des Anstoßes – an den Sie nur (noch ein übriges Mal!) angestoßen sind auf dem Weg Ihrer Gabe – für die Götter. Sie lieben ihn, natürlich, doch wie dieses Natürlich dem Beendet [konetschno – kontscheno: Wortspiel – B. E.] ähnelt, nicht weil (usw. und immer so weiter), sondern weil Sie Sie sind, und nicht Ihre zum Lächeln aufgelegte Zimmernachbarin, die ihm – gerade eben mäßig – ihre Dürftigkeit und seine Schwäche geben würde.

Verzeihen Sie meine Schroffheit! Mich haben solche Gespenster geqält, und dennoch ziehe ich sie allem „Realen und Normalen“ vor

[nicht beendet und nicht abgeschickt][15]

MZ

70

Paris, 15ème Bd Pasteur Hôtel Innova, ch. 36
16. Januar 1939

Ein gutes Neues Jahr, liebe Ariadna! Ich habe so auf Nachricht von Ihnen gewartet und beginne, mir ernstlich Sorgen zu machen – warum schweigen Sie?[1] Ist es denn *so* schlimm? Vergessen Sie nicht, daß bald Frühling ist, daß der Tag schon um zwanzig Minuten zugenommen hat, daß Sie bald die warmen Sachen ablegen und Leichteres anziehen werden (ich heile mich immer mit solchen Dingen: ich lecke meine Wunden!) – daß Sie plötzlich – unerwartet nach Paris[2] kommen werden und wir uns wieder in irgendeinem Garten aufhalten, auf irgendeiner Bank – die nur auf uns gewartet hat... Und vielleicht werden wir in irgendein verschlafenes Städtchen fahren – mit einem wunderlichen Namen in der Art von Mantes[3] und mit einer einzigen Attraktion: der Kathedrale. Oder vielleicht einfach nach Versailles[4] (wo ich seit Jahren nicht gewesen bin: ich hatte niemanden! allein macht es keinen Spaß) wo wir uns oben an die große Treppe stellen, über die wir zum Wasser heruntersteigen, auf meinen geliebten (gar nicht versaille'schen) Holzstamm.

Ich habe nicht eine wirkliche Freundschaft – es gibt gute Bekanntschaften, aber Sie wissen, das ist welk und wenig.
Die einzige *Fabel* meines Lebens ist (außer Büchern) das Kino. Haben Sie La femme du boulanger gesehen – mit Raimu und einem ganzen Dorf von Herzen Unschuldiger?[5] Für mich wäre das Dorf selbst – seine Wände und Gäßchen und Tore – die *Fabel*, und ich wundere mich immer, wie die Menschen das andere suchen. Doch um der *Richtigkeit* willen sagen wir so: die Kiefer liebte ich (mit der gleichen Leidenschaft wie andere) als Menschen, den Menschen – avec le même détachement[6] wie andere Kiefern. Und die Kiefer war *immer* zufrieden, der Mensch nie.
Ich erwarte unbedingt und bald einen Brief von Ihnen – das ist ein Gefühl, als schriebe ich ins Leere. Ich schrieb Ihnen als letzte, einen langen Brief mit allem, was ich weiß über diese verhängnisvolle Gattung. Ich schrieb wie an mich selbst: das, was ich das ganze Leben lang zu mir selbst gesagt habe.
Wenn Sie es noch nicht gelesen haben – lesen Sie Rosamond Lehmann[7] – Poussière (Dusty Answer) – sie schreibt über *uns* – und über *sie*. Ich bitte Sie sehr! (Poussière – aus Feux Croisés).
Auf Wiedersehen! Ich werde beleidigt sein, wenn Sie nicht antworten. Ich umarme Sie und die Kinder.

MZ

71

Paris, 15ème 32, Bd Pasteur, Hôtel Innova, ch. 36
Samstag, 18. März 1939

Liebe Ariadna,
Alles ist angekommen[1] – sowohl der lange Brief als auch der kurze – und die wundervolle fliegende Schaukel! Ich freue mich unendlich auf Ihre Ankunft (toi, toi, unverrufen!) – wenn sie tatsächlich stattfindet. Gebe Gott, daß es schöne Tage werden – Sie sind für mich mit Sommer verbunden, sogar mit Frühling: dem ersten Gras. Ariadna, wir fahren dann unbedingt nach Versailles, nach Trianon*s*, in jenes zugewachsene und heruntergekommene Trianon, wo noch die Kinder lebendig sind: ein kleiner Junge und ein großes Mädchen, als hätte diese Armut und Verwahrlosung und die gleichzeitige Pracht – des ganzen Bewuchses – sie bewahrt. Das ist ein Ort wie aus einem Traumbild, dort wird es uns gutgehen...
Was mich angeht: es ist immer dasselbe: zwischen Himmel und Erde. Ich lese viel, schreibe – wenig (doch niemals *schlaff*), ringsum gibt es viel Not – Lebensenden – Menschen einer Generation gehen gleichzeitig fort – wie auf Verabredung.
Und ein neuer Schlag: meine Tschechei! Wenn ich in der Zeitung sehe – Prag – zittere ich vom Kopf bis zu den Füßen, – als ob der *meinetwegen* dort einmarschiert sei. Die Tschechei ist für mich nicht nur eine Frage der Gerechtigkeit, sondern meine lebendige Liebe, jetzt – eine lebendige Wunde. In ihr, auf ihren Hügeln, in ihren Bächen ist meine schönste Jugend verlaufen, und ich bin ihr *unend-*

lich dankbar. In meinem Leben habe ich mir angewöhnt – über Grenzen hinweg dankbar zu sein – für die kleinste Kleinigkeit! – sie mit Dankbarkeit zu überschwemmen, auf ihr – *in Flammen aufzugehen*, und hier kann ich *nichts* tun, zum ersten Mal kann ich *nichts* tun, *nichts* – für all das Gute. „Dort wo die Eberesche schöner ist als König David..."[3]
Wenn Sie kommen, zeige ich Ihnen meinen Ritter – der Prag sein Wappen verschafft hat:[4] einen zweischwänzigen Löwen. Ich habe – in letzter Minute – eine letzte Aufnahme bekommen, die man für mich, nach vergeblicher Suche in Prag irgendwo in der Umgebung beschafft hat. Ich habe in Prag einen alten Freund – eine ältere Frau[5], Tschechin, die bis zu ihrem zwölften Lebensjahr in Moskau gelebt hat und dann bei ihrem Großvater, einem Förster, und ihrer Großmutter lebte und bei Mondlicht Spitzen häkelte – es war ihnen zu schade um die Kerzen... Übersetzerin von W. Solowjow, Berdjajew, der besten Russen... Was ist mit ihr?? Sie lebte für ihre Tschechei... Und schreiben kann man nicht. Ich werde eine Karte schicken – mit einem Bildchen und einem: ich umarme Sie.
Und irgendwann einmal, 1870, hat die Tschechei, damals Böhmen, gegen die Annexion von Elsaß-Lothringen *protestiert!* Allein, klein, Österreich einverleibt, *setzte es sich ein* für Frankreich!...
– Ach! – –

Liebe Ariadna, ich bin glücklich, daß ich Sie bald sehe – mir ist fast niemand geblieben, alles hat sich verkrümelt, die Leute *lebten* anfangs (wie Vampire!) meiner Abreise entgegen, und als sie sich hinauszog, verschwanden sie.

Doch schreiben Sie mir unbedingt vor Ihrer Abreise, damit ich es auch sicher weiß und mich *fest* freuen kann.
Ich küsse Sie und liebe Sie immer.

MZ

72

Paris, 15ème 32, Bd Pasteur
Dienstag, 30. Mai 1939

Liebe Ariadna! Endlich habe ich Ihre Adresse gefunden – haben Sie meine altertümliche Karte von neulich mit „prière de faire suivre“[1] erhalten? Vielleicht werden Mur und ich sehr bald für den ganzen Sommer aufs Land fahren[2], so daß wir uns für dieses Mal nicht sehen werden – eine große Bitte, der gegenüber Sie sich bitte aufmerksam verhalten möchten, und schreiben Sie die Adresse bitte *sofort* an einer sichere Stelle ab:
Bei M. N. Lebedewa wartet für Sie ein *Paket* von mir, in dem ich Ihnen allerlei übergebe (Hefte und Briefe und möglicherweise Manuskripte). Gleich nach Ihrer Ankunft, aber besser noch aus Brüssel, schreiben Sie Margarita Nikolajewna Lebedewa, wann Sie mein Paket abholen kommen, sie ist gegen Abend zu Hause, so am ehesten gegen 7 Uhr abends, doch sagen Sie *unbedingt* vorher Bescheid.
Ihre Adresse: Mme Lebedeff
18 bis, rue Denfert-Rochereau
Paris, 5ème
(die nächste Metro ist Raspai 1 – merken Sie es

sich!) Ein sehr altes Haus, Eingang ins Tor und dann gleich rechts, ein ehemaliges Kloster. Zweite Etage, Tür rechts, Klingel an einer Schnur, läuten Sie *kräftig*. Sie wird Ihnen alles übergeben. Sie ist ein bezaubernder Mensch und mein großer und langjähriger Freund. Verlieren Sie ihre Adresse *nicht*, schreiben Sie sie gleich ab, das ist für mich *äußerst* wichtig. Im Paket sind alle meine Gedichte an die Tschechei, Sie kennen sie noch nicht, und ich liebe sie ungeheuer (wie fremde!).
Es wäre gut, wenn Sie mir auf meine Karte antworten würden – *blitzschnell*, dann wäre ich ruhiger. Ich schließe, umarme Sie, sobald ich irgend etwas weiß, teile ich es Ihnen mit. Und ich warte auf Ihre Antwort.

MZ

P. S. (Es wäre schade, freien Platz übrigzulassen.) Die Gedichte habe ich vor längerer Zeit bekommen[3] – Dank dafür. Ich werde eine Minute Zeit finden – und Genaueres schreiben. Ihr Brief ist traurig: das ist nicht nötig! alles liegt vor Ihnen. Sie lieben *die Gattung*, doch nicht den Einzelnen, aber es gibt sie noch. (NB! nicht das „Geschlecht" wie Saint Bernard oder Graf, sondern eben diese Gattung von Menschen (Unmenschen!)
Ich umarme Sie – schade, wenn wir uns diesmal nicht sehen. Schreiben Sie sehr bald, und schreiben Sie sich die Adresse ab!

M

7. Juni 1939[1]
Liebe Ariadna! (*Bereits* mit roter Tinte!) *Kuppel* geht nicht, denn sie ist rund, d.h. Gipfel geht nicht, nehmen Sie *Spitze:* sie ist immer scharf. Bei uns ist es noch schlimmer – die Hölle, ich weiß das von anderen, doch selbst fühle ich nichts: heute habe ich seit 24 Stunden nichts gegessen und schlafe täglich nur vier Stunden – aber das ist auch kein Schlaf, neulich schlief ich *quer* auf dem Bett ein und träumte davon, daß ein ganzer Bügel mit einem Kleid auf mich fiel (das Kleid hatte wohl beschlossen, daß ich nun aufstehen müßte, um es anzuziehen!)
(Ich schreibe Unsinn.)
Die Ikone habe ich zu den Lebedews gebracht, die Inschrift ist unerwartet – in der Art der Worte der Sibylle – dazu muß man noch lesen: „Alles dies ist so gut ausgegangen..." Irusja L-wa bringt sie gleich nach dem Examen zu Ihrer Mutter. (Ich mache *auch* Examina, nein: eines, aber – was für eines!)
Die Adresse habe ich auswendig gelernt und melde mich, *wenn immer ich kann.*
Ich wünsche Ihnen Glück: das, was ich mir selbst nie gewünscht habe. Doch – es wird kommen! Den Kindern Gesundheit und daß sie der Mutter Freude machen. Ich umarme Sie.

M.

Ich wünsche Ihnen einen *Sohn.* Und Sie *werden* ihn bekommen. (Auch das wird Glück sein!)
Danke für alles. Für alle *Gärten!* Auch das sind die hängenden Gärten der Semiramis!
Schreiben Sie *Gedichte!*

Dank für Mur, Sie haben ihn sofort verstanden. Denken Sie jeden Tag an mich – vom 10. bis zum 15.
P. S. Ich werde bei jedem Grün, immer im Freien an Sie denken und werde alles an jene Felder weitergeben! Und ans neue Jahr werde ich denken... Wann werde ich nicht mehr sein??

Ich vergesse Sie nicht *M.*

74

Montag, 12. Juni 1939
Liebe Ariadna,
Heute fahren wir – ich schreibe früh am Morgen – Mur schläft noch – und ich bin durch den einzigen wahren Wecker aufgewacht – durch mein Herz. (Und den wirklichen habe ich *eingepackt:* daß ich ihn nicht vergesse. N.B.! Wozu brauche ich einen Wecker?? So, z. B. war bei der Malerin Gontscharowa[1] der Staubsauger vor meinen Augen mit *Staub* bewachsen, und sie ging um ihn herum wie um eine dicke, schmutzige schlafende Schlange). – Der letzte Pariser Morgen. Lesen Sie in meinem Graben[2] (*schön* wäre es, das auf *schönem* Papier zu drucken, das ist Staub! nur geben Sie es nicht aus den Händen und zeigen Sie es lieber keinem) das Kapitel Vorabend, in dem sie sich beim Fortgehen ein letztes Mal zum Landsmann umschauen...

„Die Scherben
Des Soldatenlebens"...[3]

– Das tue auch ich. –

Ich benutze (ein gemeines Verb!) die frühe Stunde, um mit Ihnen zusammen zu sein. Ich lasse Ihnen bei M. N. L-wa (ihre Tochter Irusja versprach, sie zu Ihrer Mutter zu bringen) – meine Ikone[4] zurück, zwei alte Croix Lorraine (Et Jehanne, la bonne Lorraine qu'Anglais brûlèrent à Rouen...)[5] für Wera und Ljulja und mein Georg-Lesebändchen – machen Sie es an der Ikone fest oder legen Sie es in den Graben. Für Sie kommt auch noch mein Poem *Der Rattenfänger*, doch das holen Sie bei M. N. L. beim ersten Besuch ab, denn es ist noch nicht dort. Gehen Sie unbedingt zu M. N. L. – mit vorheriger Anmeldung. Bewahren Sie *immer* die Adresse der L-ws auf (sie reisen vielleicht in einem Jahr nach Amerika) und berichten Sie ihnen von allem, was Sie über mich wissen – *ihnen* werde ich ganz gewiß nicht schreiben können. Wenn ich an Sie schreibe, werde ich sie (M. N.) Mascha nennen.
Wir fahren, ohne Abschied zu nehmen: wie Mur sagt – „ni fleurs ni couronnes"[6], – wie Hunde – wie traurig (und grob), sage ich. Man hat es nicht erlaubt, aber meine engen Freunde wissen davon und werden sich *innerlich* verabschieden.
Ich weiß, daß auch Sie unsichtbar heute an der Anlegestelle stehen werden[7]. Einstweilen zu keinem etwas über meine Abreise. Bis sie von selbst anfangen zu sprechen. Ich umarme Sie, danke Ihnen für alles und wünsche Ihnen Glück.

M.

Die Kinder umarme ich.

75

Der lieben Ariadna – zur Erinnerung an meine Jugend[1]

MZ.

Heute bin ich jung,
Morgen betagt,
Übermorgen alt.

(Alja – drei Jahre alt)[2]

Nicht ihr, Jahre, verrietet mich
Hinterrücks –
Unsterbliche Kräfte besiegten mich
Mit diesem Silbergrau.

(Ich – in Prag, 1923)[3]

Brief 1

1 Marina Zwetajewa beherrschte, im Gegensatz zu den meisten ihrer schreibenden Kollegen in der Emigration, die französische Sprache in Vollendung. Vgl. unten das Verzeichnis ihrer französischen Werke, zum größten Teil freie Eigenübersetzungen. Das Thema „M. Z. als französische Schriftstellerin" wartet noch auf Bearbeitung. Doch bereits jetzt kann man sagen, daß, wenn auch ihre Gedichtübersetzungen nicht der französischen Prosodie entsprechen, sich die französische Prosa der Zwetajewa durch eine authentisch-schöpferische Eigenständigkeit auszeichnet, ungeachtet der Plumpheit einiger Wendungen.

2 *mon fils:* der langerwartete Sohn der Zwetajewa, Georgij, wurde am 1. Februar 1925 in der Tschechei geboren. Seine Mutter nannte ihn Mur, und dieser Spitzname blieb ihm bis zum Ende. Wie aus den weiteren Briefen ersichtlich, nahm der Sohn in Zwetajewas Leben eine Sonderstellung ein. Die Mutter vergötterte ihn (kritische Urteile erscheinen in den letzten Jahren); für ihn wurde alles getan. Georgij Efron wurde nicht altersgemäß erzogen, er besaß eine breite literarische Bildung und träumte davon, Schriftsteller zu werden. Nach der Rückkehr in die UdSSR zusammen mit seiner Mutter teilte er das tragische Schicksal der Familie. Nach dem Tod der Mutter in Jelabuga lebte er nacheinander in Tschistopol, Taschkent und Moskau, wo er am 26. Februar 1944 eingezogen wurde. Im selben Jahr, am 7. Juli, wurde er in Gefechten bei Potozk tödlich verwundet (Gerüchte über seine Aufnahme in ein Strafbataillon haben sich als falsch erwiesen). Siehe M. Belkina, *Skreschtschenije sudeb* (Gekreuzte Schicksale), Moskau 1988, S. 285-336. Dt. Ausgabe (gekürzt): Marija Belkina, Die letzten Jahre der Marina Zwetajewa. Frankfurt/Leipzig 1991.

3 Die Rede ist von der französischen Übersetzung des Poems *Molodez* (Der Recke), die Zwetajewa im Sommer 1930 fertigstellte, von dieser Zeit an bemühte sie sich vergeblich, sie in einem französischsprachigen Verlag unterzubringen. Das Manuskript mit Zeichnungen von N. Gontscharowa befindet sich im Zwetajewa-Archiv (ZGALI).

4 Der Brief ist auf violettem Papier geschrieben. Der häßli-

che Umschlag ist, wie alle anderen Umschläge der Briefe an A. Berg, nicht erhalten.

Brief 2

1 Die Rede ist vom Tod des Dichters Nikolaj Pawlowitsch Gronskij (1909-1934). Im Brief vom 27. Dezember an ihre tschechische Freundin A. Tesková schrieb M. Zwetajewa: „Am 21. November ist ein junger Mann unter der Metro umgekommen – Nikolaj Gronskij. Ich war seine erste Liebe, er meine letzte. Das dauerte ein Jahr. Dann begannen – unvermeidlich bei meiner Unfreiheit – unser beider Leben getrennte Wege zu gehen, und im Frühjahr 1931 waren sie ganz voneinander getrennt: hermetisch. In den ganzen letzten drei Jahren habe ich ihn nur einmal gesehen, im Zug – ich rief ihn – er kam nicht. (Ich rief ‚besuchen', und er war beleidigt, weil er die verbale Verschleierung nicht verstand). Und plötzlich, am 21. November morgens in der Zeitung ..." (BT, S. 117). Auszüge aus drei Briefen an N. P. Gronskij sind in *Nowyj mir* 1969, 4 abgedruckt. Der Briefwechsel gehört zum Bestand des Zwetajewa-Archivs im ZGALI, er wurde ihrer Tochter übergeben und ist auf deren Verfügung hin bis zum Jahr 2000 unter Verschluß.

2 *Neuer Friedhof von Meudon* – am Rand des großen Waldes von Meudon gelegen. Das Grab der Familie Gronskij ist erhalten geblieben (es befindet sich in der Mitte des Friedhofs in der Nachbarschaft einiger anderer russischer Gräber), jedoch in bedauernswertem Zustand (die zentrale Grabplatte ist zerbrochen und verkauft worden).

3 *Manuskripte:* abgesehen von der Übersetzung des *Molodez* (Der Recke) hatte Zwetajewa zwei original französische Werke fertiggestellt, die sie in den folgenden Briefen erwähnt:

a) *Neuf lettres avec une dixième retenue et une onzième reçue* ist die Überarbeitung eines zurückgelassenen unveröffentlichten Manuskripts (im ZGALI). Erstmals wurden die *Neun Briefe* in französischer Sprache und deren italienischer Übersetzung von Serena Vitale 1983 veröffentlicht (Mondadori ed.). Eine gesonderte französische Ausgabe entstand 1988/89 (Verlag Clemence Hiver). Dieser Text trägt auch die Bezeichnung „Lettres Florentines" (Florentiner Briefe). Eine Rückübersetzung ins Russische ist in Werke 88,II abgedruckt.

b) *Lettre à l'Amazone* (Brief an die Amazone) (mit dem Untertitel „Mon frère féminin" wurde erstmals in Frankreich von G. Limont nach einem Manuskript, das ihr von K. Asadowskij (aus dem ZGALI) übergeben worden war, abgedruckt.

c) Später übersetzte Zwetajewa drei Kapitel aus den Erinnerungen an ihren Vater und schrieb sieben Kapitel zu demselben Thema in französischer Sprache. Drei von ihnen sind, in einer Rückübersetzung ins Russische von Ariadna Efron, in Werke 88,II veröffentlicht („Charlottenburg", „Der Dienstrock" und „Der Lorbeerkranz").

Brief 4

(ohne Datum. Er wird in Verbindung mit dem vorhergehenden Brief datiert)

Brief 5

1 *eine tschechische Dame:* Anna Antonowna Tesková (1872-1954) – tschechische Schriftstellerin und Übersetzerin russischer Literatur. M. Zwetajewa lernte sie 1922 in Prag kennen und hielt den Briefwechsel die ganzen Emigrationsjahre hindurch bis zum Tag ihrer Abreise aufrecht. Ein bedeutender Teil der Briefe an die Tesková, etwa zwei Drittel, ist veröffentlicht. BT, S. 215.

2 *Olaf Duun* (1878-1939), norwegischer Schriftsteller. Sein Hauptwerk sind die *Juvigfolke* (Die Juwikinger), das aus sechs Bänden besteht (1918-1922). M. Zwetajewa riet Anna Tesková die Lektüre an: „Ich rate Ihnen sehr, Olaf Duun, Die Juwikinger, zu lesen, zwei Bände: I – Peter Anders und sein Geschlecht [Im Original dt. – B. E.], II – Odin. Nach dem Urteil von Undset das beste Werk über Norwegen und in Norwegen in den letzten Jahren..." (Brief vom 11. Dezember 1933, BT, S. 107).

3 O. Duun hat entgegen der überzeugten Voraussage der Zwetajewa den Nobelpreis nicht bekommen.

Brief 7

1 *mein Mann:* Sergej Jakowlewitsch Efron (1893-1941, erschossen). M. Z. und S. Ja. lernten sich 1911 auf der Krim bei M. Woloschin kennen und heirateten Ende Januar 1912. In der Emigration wurde S. Ja. aktives Mitglied der eurasischen Bewegung, trat in aller Offenheit zur proso-

wjetischen Seite über und danach auch in den Dienst der GPU. Einzelheiten über seine politische Tätigkeit vgl. Anm. zu Brief 47.

Brief 8

1 *Und dort bin ich gelogen* [im Original dt. – B. E.]: in der Übersetzung von Zwetajewa selbst, die früher schon zweimal dies Zitat aus dem ersten Teil des *Stundenbuchs*, „Das Buch vom mönchischen Leben" (1899) von R. M. Rilke angeführt hatte – 1925, in Briefen an Olga Jelisejewna Tschernowa (UB, S. 113 u. 135). Richtig ist nicht: Und dort, sondern: Denn dort, wie im Brief an Tschernowa.

2 *Wolkonskij*, Fürst Sergej Michajlowitsch (1860-1937), der Enkel eines Dekabristen, früherer Direktor des Imperatorskij-Theaters, Memoirenschriftsteller, in der Emigration Direktor des Russischen Konservatoriums in Paris. In *Remeslo* (Handwerk) findet sich ein Wolkonskij gewidmetes Gedicht:

> ... stählerne Haltung des Rückgrats,
> Das Haar von brüniertem Stahl;
> Leichthin und beinahe berückend
> Die Stimme, die Wunder vollbracht.

3 *die Frage Ihrer Niederlassung:* Ariadna Efron siedelte bald nach der Begegnung mit M. Z. mit ihrer Familie in das Departement Oise (etwa 70 Kilometer von Paris entfernt) über.

Brief 10

1 *meine Tochter:* Ariadna Sergejewna Efron (1912-1975, Tarusa), genoß in ihrer Kindheit ungewöhnliche Aufmerksamkeit seitens ihrer Mutter und entwickelte sich nicht ihrem Alter entsprechend, schrieb Gedichte und vollkommen erwachsene Briefe. Nach der Geburt Murs wurde aus der Nähe zwischen Mutter und Tochter Antagonismus. Ariadna Sergejewna teilte die prosowjetische Einstellung ihres Vaters und kehrte als erste der Familie in die Sowjetunion zurück. Kurz nach der Rückkehr der Mutter, am 27. August 1939, wurde sie verhaftet und in ein Mordwinisches Lager verschickt, und nach einer wiederholten Verhaftung 1949 in den Bezirk Turuchansk. In der nachstalinistischen Ära bemühte sie sich sehr um die Erhaltung des

Archivs, die Veröffentlichung der Gedichte ihrer Mutter und schrieb Erinnerungen über sie. (Vgl. Marija Belkina, *Skreschteschenije sudeb*, a.a.O., S. 337-448).

2 *Poslednije Nowosti* (Letzte Nachrichten): russische Emigranten-Tageszeitung, gegründet in Paris am 27. April 1920. Mit Ausnahme der ersten Monate, in denen Chefredakteur M. N. Goldstein war, erschien sie bis zum Ende (11. Juni 1940) unter der alleinigen Leitung von P. N. Miljukow.

M. Z. war 10 Jahre lang Mitarbeiterin der Zeitung, ihre Texte wurden in 29 Nummern gedruckt: fünfmal 1925, zweimal 1927, dreizehnmal 1928, fünfmal 1933, dreimal 1934 und einmal 1935 (die letzte Publikation, *Skaska materi* (Das Märchen von der Mutter), erschien in der Nummer vom 17. Februar 1935).

Im Brief an A. Tesková vom 15. Februar 1936 schrieb M. Z.: „Die Emigration *mag* mich *nicht*, die Posl. Nowosti (die einzige zahlende Stelle: spielend könnte ich mit einem Feuilleton in der Woche 1800 Francs im Monat verdienen) – P. Now. (Miljukow) haben mich herausgeekelt: ich werde nie mehr gedruckt werden“. (BT, S. 134)

3 *term:* Vierteljahresmiete

4 *à volonté* – nach Belieben.

Brief 11

1 *Hartman*, Foma Alexandrowitsch (1885-1956): Komponist, Professor im russichen Konservatorium, und seine Frau, ebenfalls Musikerin. Im ZGALI sind vier Briefe Zwetajewas an F. A. Hartman aufbewahrt. Von ihm stammen einige Romanzen auf Gedichte der Zwetajewa und auch die Musik auf deutsche Gedichte der Tochter Ariadna Bergs, Butja. Wo sich das musikalische Archiv Hartmans befindet, konnte nicht festgestellt werden.

2 *Spur des Theseus:* Die Tragödie des Theseus wurde erstmals in der Zeitschrift *Wersty* (Werstpfähle), Nr. 2, Paris 1927, S. 5-83 veröffentlicht. 1940 gab M. Z. ihr den neuen Titel *Ariadna*, unter dem sie in den *Ausgewählten Werken*, Moskau 1965, S. 626-698 abgedruckt wurde. „Das Thema der Nichtübereinstimmung des Geliebten mit der Geliebten verwandelt sich hier in das Thema des Verfehlens des Geliebten und der Liebe selbst.“

3 *aller guten Dinge sind sieben* (und nicht *drei*): [im Original

dt. – B. E.] M. Z. hatte, wie auch Rilke, eine besondere Vorliebe für die Zahl 7.

4 *en veine de:* aufgelegt zu.

Brief 13

1 *der Wahnsinn Balmonts:* die Rede ist von der Geisteskrankheit aufgrund von Alkoholismus (weißes Fieber) des Dichters Konstantin Dmitrijewitsch Balmont (1867-1942). Mit Balmont verband M. Z. bereits in Moskau eine enge Freundschaft, die ihr ganzes Leben über bestand. 1924 schrieb Balmont im Abschlußkapitel seines Buches „Wo mein Mund ist" über seine Beziehung zu M. Z.: „Ich gehe zu Marina Zwetajewa. Es ist immer sehr vergnüglich mit ihr, wenn das Leben besonders unbarmherzig zuschlägt. Wir scherzen, lachen, lesen einander Gedichte vor; viele Liebende mögen wohl kaum so zärtlich und aufmerksam miteinander umgehen." (Prag, 1924).
M. Z. schrieb zweimal über Balmont: 1925 „Zum dreißigsten Jubiläum seiner dichterischen Tätigkeit" (*Swoimi putjami* [Auf eigenen Wegen], Nr. 5, 1925) und 1935 anläßlich des 50. Jubiläums der literarischen Tätigkeit des Dichters: *Slowo o Balmonte* (Ein Wort über Balmont).

2 *Ségur*, Philippe Paul (1780-1873): General und Historiker, Autor der *Geschichte Napoleons und der Großen Armee 1812* (1824).

3 *Sa mesure...* – Sein Maß war groß, doch er hat es übertroffen.

4 *70 Jahre:* Am 3./15. Juni wurde Balmont nicht 70, sondern 68 Jahre alt (charakteristisch für Zwetajewas Ungenauigkeit).

5 *Courbevoie:* Vorort nördlich von Paris.

Brief 14

1 Die ersten beiden Strophen des Gedichts, erstmals 1961 veröffentlicht. M. Z. überarbeitete das Gedicht, indem sie den ersten Vers veränderte, der sich in allen Publikationen folgendermaßen liest:

Nirgends sind wir hingefahren – du und ich –

In diesen Publikationen ist die Datierung, die vermutlich von M. Z. stammt, falsch: 1932-1935, La Favière. Aus der Eintragung zu schließen, ist das Gedicht 1930 geschrieben.

Im Sommer 1929 hatte M. Z. den Pariser Vorort Meudon nicht verlassen. Den Sommer 1930 verbrachte sie in Savoyen.

2 In La Favière, in der Nähe des Städtchen Le Lavandou entstand eine russische Datschensiedlung. Dort standen Datschen, die insbesondere P. N. Miljukow, S. A. Metalnikow, W. A. Obolenskij, S. L. Frank und anderen „Berühmtheiten" der Emigration gehörten. Während des Krieges wurden bei der Besetzung durch die allierten Truppen fast alle Villen zerstört. Nichtsdestoweniger wurde über lange Jahre hinweg in einer erhalten gebliebenen Datscha eine russische Lager-Pension eingerichtet (beschrieben in dem Buch von Y. Kerguelen, *La colline russe*, Paris 1976).

3 *hiesige Herrscher:* M. Z. mietete ein Zimmer bei Ljudmilla Wrangel.

4 Der Aufsatz über den Dichter N. P. Gronskij wurde zu Zwetajewas Lebzeiten in serbokroatischer Übersetzung veröffentlicht: „Pesnik Alpinist", *Ruski Arhiv*, 1935, Nr. 32-33. Der russische Text ist nur teilweise bekannt (Vgl. Werke 1988,II).

5 Zwei Rückfahrkarten in einem speziellen „Ferien"-Zug zu verbilligtem Preis.

6 M. Z. schrieb am 24. August 1934 an A. Tesková: „... in dem Dorf sind Mur und ich schon seit dem 31. Juli, es ist nicht weit von Paris entfernt (die zweite Haltestelle nach Versailles, aber ein echtes Dorf, – selten ein Haus, das jünger als 200 Jahre ist, und neben jedem ein Ententeich." (BT, S. 114).

7 *Bruttogewicht – und sogar brutal:* M. Z. stellt ethymologisch und phonetisch verwandte, semantisch jedoch verschiedene Wörter nebeneinander.

8 *Doktor Marschak:* Akim Osipowitsch (1895, Kiew-1938, Nizza) genoß in der Emigration eine große Popularität (noch vor der Revolution hatte er die medizinische Fakultät in Paris absolviert und arbeitete weiterhin in Frankreich). Er war einer der Leiter des russisch-französischen Krankenhauses in Villejuif.

9 *partie de plaisir:* Vergnügungsfahrt.

10 Kette von Lebensmittelläden.

11 Balmont war im Sanatorium von Doktor K. S. Agadschanjan außerhalb von Paris untergebracht, „mit Ermäßigung. Ein wunderbarer Park, er geht bis 2 Uhr nachts spazieren.

Er verliebte sich in eine junge surveillante und schlug ihr vor, sich gemeinsam mit ihm in die Seine zu stürzen..." (NM, S. 494). Balmont verließ die Heilanstalt Ende 1938 und ließ sich in einem Haus für Verarmte nieder, das von Mutter Maria in Noisy-le-Grand eingerichtet worden war.

Brief 15

1 *Der Autorenabend am 20. Juni* fand im Saal der Geographie statt, 184, boulevard Saint-Germain und war der Lesung der Erzählung *Tschjort* (Der Teufel) gewidmet.

2 *Bloks letzte Liebe:* dieses Werk ist in keiner Bibliographie der Zwetajewa aufgeführt, es gibt in keinem ihrer Bücher Hinweise darauf. Nach Angaben von Veronique Lossky ist dieser Vortrag nur in der mündlicher Fassung (Zwetajewa-Archiv des ZGALI) erhalten geblieben.
1921, kurz nach dem Tod A. Bloks, machte M. Z. die Bekanntschaft seiner letzten Freunde, dem Ehepaar Kogan, insbesondere Nadeschda Alexandrowna Nolle Kogans, die auch Bloks „letzte Liebe" war. M. Z. glaubte lange, daß das Kind, das N. Kogan im Juni 1921 zur Welt brachte, der Sohn Bloks sei. Sie änderte jedoch später ihre Meinung. Im November 1933 schrieb sie an W. N. Bunina: „Sie erinnern mich an Blok, als er erfuhr, daß er einen Sohn bekommen hatte (der sich später als Sohn Pjotr Semjonowitsch Kogans erwies, doch das spielt keine Rolle: *er glaubte es*)" (NM, S. 449).

3 *Tschjort* (Der Teufel): mit Auslassungen und Druckfehlern veröffentlicht in *Sowremennyje sapiski* (Zeitgenössische Annalen) Nr. 59, 1935. Vollständig in Werke 2, S. 151-166.
Am 24. Oktober schrieb M. Z an A. Tesková: „Ich schreibe ein weiteres Kapitel meiner Kindheit ‚Der Teufel'. Ich denke, daß danach die Emigration sich ganz von mir *lossagen* wird, und sei es auch aus tiefer *Heuchelei* und sehr oberflächlicher *Scheinheiligkeit*". (BT, S. 115).

4 *Wolja Rossii* (Freiheit Rußlands): anfangs Tageszeitung (1920-1921), dann Wochenzeitung, und von 1925 an Monatszeitung, unter der Redaktion von W. Lebedew, M. Slonim, E. Stalinskij, W. Suchomlin. Sie erschien in Prag.
M. Z. wurde in 35 Nummern veröffentlicht (Gedichte und Prosa). Die Zeitschrift stellte ihr Erscheinen aus Mangel an Mitteln mit der ersten Nummer des Jahrgangs 1932 ein.
die eines meiner Poeme (7 Kapitel) – 7 Monate gedruckt

bat: die Rede ist von *Krysolow* (Der Rattenfänger), der in Nummer 4 bis 12 des Jahrgangs 1925 gedruckt wurde und noch in die erste Nummer von 1926 einging.
Obwohl *Wolja Rossii* dank M. Slonims alles von M. Z. annahm, konnte sie sich zum Abdruck von *Perekop* (Der Graben) als einem zu „weißgardistischen Text“ nicht entschließen.

5 A. S. Efron besuchte die Zeichenschule am Louvre, ebenso die Schule „Art et Publicité“.

Brief 16

1 *Alexinskij*, Iwan Pawlowitsch (gest. 1955 in Marokko): hervorragender russischer Chirurg.

2 *Villejuif:* (M. Z. schreibt hier falsch, jedoch wahrscheinlich beabsichtigt „Stadt der Juden“ auseinander) – in diesem süd-östlichen Vorort von Paris befand sich die russisch-französische chirurgische Klinik mit 30 Betten, gegründet von Gräfin J. W. Schuwalowa und Doktor F. Cresson.

Brief 17

1 Die abschließende Replik des zweiten Bildes der Tragödie der Phädra, geschrieben 1926-27. Erstmals veröffentlicht in *Sowremennyje sapiski* Nr. 36, 37, 1928. Danach in Werke 80,I, S. 423-482.
Unbedingt zu beachten ist die Eindringlickeit des Motivs des Erhängens, das bei M. Z. in einem so kurzen Brief in Erscheinung tritt, dazu noch bei der Beschreibung der paradiesischen Natur des Südens. In der ersten Zeit des Aufenthalts an der Riviera fühlte sich M. Z. „außerhalb der Ordnung der Lebenden, *aus dem Spiel, aus jedem“ [ab * dt. – B. E.]. (BT, S. 126)

Brief 18

1 M. Z. schrieb W. Bunina am neunten Tag ihres Aufenthalts in La Favière eine Ansichtskarte, die ankam. Aber in einem späteren Brief vom 28. August entschuldigte sie sich, daß sie nicht geschrieben habe: „Ich weiß, daß mein Benehmen ganz und gar menschenscheu ist, doch ich weiß auch, daß ich ganz und gar vereinnahmt bin vom Tagesablauf in La Favière.“ (NP, S. 500).

2 Jelisaweta Eduardowna Maler [Elisabeth Mahler] (1882, Moskau-1970, Basel), die in der Folge Professorin an der

Baseler Universität wurde. Auf Anraten von Ju. Iwask übergab M. Z. ihr einen Teil ihres Archivs (*Lebedinyj stan* [Feldlager der Schwäne], *Perekop* [Der Graben], *Powest o Sonetschke* [Erzählung von Sonetschka]), dies war, wie sich herausstellte, der einzige Ort, an dem ein Archiv vollständig erhalten blieb.

3 *Votre maman* – Ihre Mama.

4 *Votre fille* – Ihre Tochter.

5 *Il y a un ans...* – Sie ist seit einem Jahr volljährig. – *Marina*, was soll ich in meinem Leben anfangen? Kann ich Schriftsteller werden? Nur Sie kann ich das fragen. Ein Schriftsteller – wie Sie es sind... – Seien Sie groß, seien Sie größer als die Natur. Was das Schreiben angeht – niemand wird es Ihnen sagen können, selbst ich nicht: ich *schon gar nicht*. [...]
– Wie soll ich es ohne Sie tun? [...] Wie alle.
Wer diese episodische Bekanntschaft der Zwetajewa war, ist nicht festzustellen.

6 *Benjamin, Mickey, Dim. Illustré* – leicht zu lesende Kinderzeitschriften, hauptsächlich aus Bildern bestehend.

Brief 19

1 Julliard, später Leiter eines größeren Verlags.

2 Die Reise und der Auftritt in der Schweiz, in Basel bei E. Mahler kam nicht zustande.

3 M. Z. lernte die amerikanische Schriftstellerin und Verlegerin Barney wahrscheinlich 1932 kennen. Wie S. Karlinskij berichtet, war die Vermittlerin Je. Iswolskaja, die ihre Begegnung und Zwetajewas Lesung ihrer französischen Übersetzung des *Molodez* (Der Recke) organisert hatte. An Nathalie Barney ist der *Lettre à l'Amazone* (Brief an die Amazone) gerichtet (ihr ist er auch gewidmet), in dem M. Z. auf deren *Pensée d'une Amazone* (Gedanken einer Amazone), 1918, antwortet.

4 Brice Parain (1897-1971), französischer Philisoph, der die Abteilung für russiche Literatur im Verlag Gallimard leitete und Redaktionsmitglied der Zeitschrift *Nouvelle Revue Française* war, und seine Frau, Natalja Georgiewna, Malerin und Illustratorin, Tochter des Philosophen G. I. Tschelpanow. N. G. Parain war eine „Schulkameradin" der Zwetajewa. (Vgl. *Minuwschee* [Vergangenes], Nr. 8, S. 251 / Briefe M. Zwetajewas an R. N. Lomonosowa).

5 *meine Prosa (Lettres):* Im Winter 1932-33 machte M. Z. „eine Übersetzung meiner eigenen Werke ins Französische: 9 (meiner eigenen derzeitigen) Briefe und einen einzigen – männlichen – Antwortbrief und ein Nachwort: [...] und die letzte Begegnung mit meinem Adressaten vor fünf Jahren in der Neujahrsnacht. Daraus wurde ein abgeschlossenes Werk, vom Leben geschrieben. Doch mit meinem üblichen Glück gab es Lob (der Franzosen) von allen Seiten, aber das Manuskript liegt. Und es wird wohl liegenbleiben, wie mein französischer Recke mit Illustrationen der Gontscharowa." (BT, S. 104)

6 *esprit trop mûr...* – einen Verstand, zu reif für sein Alter.

Brief 20

1 *Butja:* die ältere Tochter Ariadna Bergs (1924-1937).

2 Der Aufsatz *Twoja smert* (Dein Tod), veröffentlicht in *Wolja Rossii* (Freiheit Rußlands), 1927, Nr. 5-6.

Brief 22

(Ansichtskarte mit der avenue du Bois de Boulogne in Clamart)

1 *à quoi bon* – wozu

2 M. Z. erwähnte den Kontrast zwischen dem verspielten Namen der Villa „La Frétillonne" (von frétiller – sich schlängeln) und dem ernsten Straßennamen: sente de l'Abbé Suger (Pfad des Abbé Suger), Erbauer der Basilika St. Denis aus dem 12. Jahrhundert.

Brief 23

1 „1934", so schrieb A. Efron am 13. März 1963 an P. Antokolskij, „übersetzte Mama eine Reihe zeitgenössischer deutscher Revolutionslieder und sowjetischer Lieder ins Französische, die jetzt auch in Paris gesungen werden (darunter ‚Poljuschko-pole', und ‚Marsch' aus den ‚Fröhlichen Jungs' und andere)...

[...] Über die von ihr (für die Gesellschaft „France-USSR") ins Französische übersetzten Revolutionslieder schrieb sie in den dreißiger Jahren: ‚Diese Revolutionslieder sind Lieder menschlichen Mitleids, ein Aufruf zu einem besseren Leben, zu großen Taten und großen Entscheidungen. Ich bin immer bereit, Lieder über Arbeit, Zukunft, Güte und menschliches Mitgefühl zu übersetzen...'" – Zit. nach

Ariadna Efron, *O Marine Zwetajewoj* [Über Marina Zwetajewa], Moskau 1989, S. 275.).

Brief 24

1 *sans* ... – ohne gegenteiligen Befehl.

2 *belle-mère* – Schwiegermutter.

3 *ça lui fait* ... – das macht ihr so wenig Kummer und uns – soviel Freude.

Brief 25

1 Im selben Monat schreibt M. Z. an A. Tesková: „Ich lebe unter der Wolke der Abreise. Es gibt noch nichts Konkretes, doch ich brauche – für meine Gefühle – nichts Konkretes. Ich fühle, daß mein Leben in zwei Hälften zerbricht und daß dies sein allerletztes Ende ist. Morgen oder in einem Jahr bin ich sowieso nicht mehr hier [...] und lebe sowieso nicht mehr." (BT, S. 137).

Brief 26

1 *èchantillon*... – Muster ohne Wert, per Einschreiben.

2 *belle-sœur:* Schwägerin, Olga Nikolajewna (geb. Bogdanowa), die Frau von Boris Emiljewitsch Wolters (gest. 1969 in Brüssel). Als sie Olga Nikolajewna kennengelernt hatte, rechnete M. Z. mit einer herzlichen Freundschaft, die sich, wie aus den Briefen ersichtlich, nicht ergab, obwohl O. N. für M. Z. eine Lesung in Brüssel organisierte. Die Briefe der Zwetajewa an O. N. Wolters verschwanden auf geheimnisvolle Weise einige Monate vor ihrem Tod.
belle und *sœur:* „schön" und „Schwester". M. Z. spielt mit der wörtlichen Bedeutung der beiden Wörter, aus denen sich *belle-sœur* zusammensetzt.

3 Die Vorträge A. F. Kerenskijs (1881-1970) unter dem Gesamttitel „Die Tragödie der Zarenfamilie" fanden im Saal des Musée social (5, rue Las Cases) statt. Der erste wurde am 26. Feb. 1936 zum Thema „Revolution, Zar und Monarchisten" gehalten. Der zweite zum Thema „Verhandlungen mit England, Reise nach Tobolsk, Jekaterinburg" war am 7. März. Beim dritten Mal – am 17. März – wurde der zweite Vortrag wiederholt, wobei Interessierten die Möglichkeit geboten wurde, dem Referenten Fragen zu stellen (vgl. Anm. von W. Morkowin zum 104. Brief an A. Tesková, BT,

S. 200). M. Z. war bei zwei Vorträgen, den dritten besuchte sie nicht.

4 *arachide:* flüssiges Pflanzenfett.

Brief 27

1 im Original dt. [B. E.]

2 *examens trimestriels* – Trimester-Examina.

3 Die Rede ist von einem Manuskript eines verstorbenen Brüsseler Freundes der Zwetajewa, Iwan Wladimirowitsch Stepanow, das M. Z. über ein Jahr lang erfolglos für den Druck anbot.

I. W. Stepanow (um 1896-1933), Rechtswissenschaftler und Publizist, stand in den zwanziger Jahren an der Spitze der Brüsseler Gruppe der Eurasier und war einer der Begründer der Zeitschrift *Utwerschdenija* (Behauptungen) (Organ des „Bundes nachrevolutionärer Strömungen"); früherer Kapitän der Leibgarde des Semjonowschen Heeres. Vgl. über ihn als Autor der *Utwerschdenija:* Rudnew, W., „Utwerschdenija", *Sowremennyje sapiski,* 1931, Nr. 47, S. 520-24. (Rudnew beschuldigt Stepanow des Probolschewismus). Vgl. dazu auch den Brief der Zwetajewa an A. Tesková vom 26. 1. 1934: „... einen Freund, der sich in der Neujahrsnacht in Brüssel das Leben nahm. Es blieb ein Koffer mit Manuskripten, die niemand außer mir braucht. Er war ein wirklicher Schriftsteller [...]" (BT, S. 110).

1914 kam der Soldat Stepanow (er war Freiwilliger) nach einer Verwundung in das Lazarett Ihrer Hohheit in Zarskoje Selo.

Im Brief an Steiger vom 18. 8. 1936 zitiert M. Z. einen Vierzeiler aus dem Kapitel „Moj rannenyj" („Mein Verwundeter"):

Über flammendem Gesicht,
Für die, die mit den Augen trinken,
Sang man flüsternd manches Lied,
Ließ man fallen manche Schlinge.

(Das ist über die Zarin und ihren Verwundeten: „Mein Verwundeter" – erinnern Sie sich?)

Opyty, (Experimente), Nr. 5, S. 58. (Nach Je. I. Lubjannikowa).

4 *Orientierungssinn:* im Original dt. [B. E.]

Brief 28

1 Ariadna Berg war aus dem Departement Oise wieder in die Nähe von Paris umgezogen, in den westlichen Vorort Garches (Haltestelle Vaucresson).

Brief 29

1 „Angesichts der Dauer der Krankheit des Dichters Balmont und der Notwendigkeit seiner vollständigen Erholung und Heilung im Sanatorium hat das Komitee zur festlichen Begehung des 50jährigen Jubiläums der literarischen Tätigkeit des Dichters am 21. 4. 36 im Saal des Musée social einen Lesungsabend ‚Schriftsteller für den Dichter' organisiert und einen Balmont-Fond gegründet; die Mittel aus der Wohltätigkeitsveranstaltung sind in diesen Fond eingegangen." (Vgl. *Wosroschdenije*, 21. 4. 1936, S. 3, „Schriftsteller für den Dichter"). Vgl. auch über den Spendenaufruf für die Bedürfnisse des aus der Heilanstalt entlassenen Balmont: Seeler, W., Helft K. D. Balmont (*Poslednije Nowosti*, 1. 12. 1938, S. 2).

2 Die Rede von Iwan Sergejewitsch Schmeljow (1873-1950) wurde, wie aus der Bibliographie seiner Werke hervorgeht, nicht gedruckt.

3 *ich:* der Text „Ein Wort über Balmont", der von M. Z. angesprochen wird, wurde zu ihren Lebzeiten nur in serbokroatischer Übersetzung veröffentlicht: „Rec o Baljmontu", *Ruski Arhiv*, 1936, Nr. 38-39. Der russische Text wurde mit beträchtlichen Kürzungen in *Literaturnaja Grusija* (Literarisches Georgien), 1977, Nr. 8 abgedruckt. In *Isbrannaja prosa* (Ausgewählte Prosa), New York 19?? ist der vollständige Text abgedruckt, jedoch in Rückübersetzung aus dem Serbokroatischen.

4 *Boris Sajzew* (1881-1971): seine Rede wurde in den *Sowremennyje sapiski* (Zeitgenössische Annalen), Nr. 61, 1936 abgedruckt.

5 *Poljakow-Litowzew*, Solomon Lwowitsch (1875-1945): Journalist, Dramaturg, Mitarbeiter der *Poslednije Nowosti* (Letzte Nachrichten) seit ihrer Gründung. In einem Brief an W. Bunina zählt M. Z. ihn zu denen, die „sie in der Redaktion sehr mögen", und fügte hinzu: „und ich ihn auch!" (UB, S. 473).

6 *Teffi* – Pseudonym für Nadeschda Alexandrowna Butschinskaja, geb. Lochwizkaja, 1872-1952. Ihre Rede wurde

zwanzig Jahre später in der Zeitschrift *Wosroschdenije* (Wiedergeburt) abgedruckt.

7 *Remisow*, Alexej Michailowitsch (1877-1957).

8 Balmonts dritte Frau, Jekaterina Alexejewna Zwetowskaja (gest. 1944).

9 *Ihrer Mutter und Ihrem Bruder:* Alexej Emiljewitsch Wolters (1903-1988) lebte in Paris.

Brief 30

1 *où le remords...* – wo wird der Gewissensbiß sich nicht einnisten.

2 *Le Grand Meaulnes*, Roman des französischen Schriftstellers Alain Fournier (1886-1914), erschienen 1913.

Brief 31

1 Das Datum läßt sich aus dem Text erschließen. S. M. Wolkonskij wurde am 4./16. Mai 1860 geboren, er sollte nicht 77, sondern 76 Jahre alt werden (charakteristisch für Zwetajewas Ungenauigkeit).

2 S. M. Wolkonskij erholte sich und reiste in die USA, wo er am 25. 10. 1937 in Richmond/Virginia starb.

3 M. Z. erhielt das Visum und konnte rechtzeitig abreisen.

Brief 32

(Ansichtskarte mit Blick auf die rue de Rivoli)

1 An A. Tesková schrieb M. Z.: „Leider war ich nirgends außer in Brüssel: meine Gastgeber und ihre Kinder waren die ganze Zeit krank, und die Zeit war kurz: am siebten Tag bin ich abgereist". (BT, S. 140).

In Brüssel war M. Z. eine Woche lang bei Boris Emiljewitsch und Olga Nikolajewna Wolters zu Gast. In deren Privatwohnung fanden ihre Lesungen statt:

„... [die Lesungen] verliefen sehr gut – die französischen wie die russischen. Ich las – für die Belgier – Mon père et son Musée [Mein Vater und sein Museum – im Zwetajewa-Archiv des ZGALI]. Für die Russen las ich ‚Ein Wort über Balmont' und als zweites ‚Ein unirdischer Abend' – zum Gedenken an den Dichter Kusmin: an meine erste Begegnung mit ihm im Januar 1916.

Von den Einnahmen beider Abende konnte ich Mur einkleiden, und es blieb noch ein wenig für den Sommer übrig.

Die Lesungen fanden in demselben Haus statt, das Sie auf der Ansichtskarte gesehen haben – privat, organisiert von meiner langjährigen belgischen Bekannten (einer Russin, die in ein belgisches Haus geheiratet hat, in eben dieses). Doch ich hatte von einer *Freundschaft* mit ihr geträumt, dazu und damit bin ich hingefahren, doch aus so einer Freundschaft *wurde nichts:* sie wird vom Haus, ihrer weiblichen Sehnsucht nach Liebe und den herannahenden nicht-weiblichen Jahren (sie ist jetzt 32, doch sie lebt voraus) absorbiert – und *für mich* ist in ihrer Seele anscheinend kein Platz." (BT, S. 139-140).

Brief 33

1 *Schachowskaja,* Sinaida Alexejewna (geb. 1906), Schriftstellerin, lebte während des Zweiten Weltkriegs in Brüssel. In ihrem Buch *Otraschenija* (Reflexionen) veröffentlichte S. A. Schachowskaja kurze Erinnerungen an M. Z. sowie sieben Briefe und Ansichtskarten, die sie zwischen Mai und September 1936 von M. Z. bekommen hatte. S. Schachowskaja plante eine Begegnung mit M. Z. in einem belgischen Verlag, bei dem der *Journal des poètes* erschien. In Brüssel war M. Z. bei der Schachowskaja eingeladen, die ihr in einer verfallenen Schlucht im Königlichen Park eine Büste von Peter dem Großen zeigte. M. Z. behielt diese Begegnung „Peter im Garten, Wühlen in Büchern, den Hund, den Wald in bester Erinnerung, die durch nichts getrübt ist." M. Z. dachte daran, über S. Schachowskaja ihre französischen „Lettres" unterzubringen, und danach die Puschkin-Übersetzungen, doch S. Schachowskaja versichert, daß sie diese Manuskripte nie bekommen hat (erst 1966 sandte O. Wolters ihr die Puschkin-Übersetzungen). Vgl. *Otraschenija,* Paris, YMCA-Press 1975, S. 160-175.

2 *Lucien de Neck:* Flame, ein Freund O. Wolters. Nach dem Tod von Ariadna Bergs Mann war er einige Jahre lang eng mit A. B. befreundet (er starb in den siebziger Jahren). Im Brief an S. A. Schachowskaja vom 28. 5. 1936 schreibt M. Z.: „Meine Lettre können Sie in einer Woche – zehn Tagen bei O. N. Wolters erbitten, wenn sie noch nicht dort sind, bitten Sie sie, daß Sie sie zurückschickt. (Sie sind bei einem Herrn namens Lucien, weiter weiß ich nicht)". *Otraschenija,* a.a.O., S. 170.

Brief 34

1 *jegliches Grün ist willkommen* – im Original dt. [B. E.].

2 Das vergessene Heft mit dem Manuskript des *Lettre à l'Amazone* schickte Ariadna Berg unverzüglich zurück.

Brief 35

1 Die Bemerkung verändert die Vorstellung von der zunehmenden Vereinsamung der Zwetajewa etwas.

2 In Frankreich verschärfte sich die soziale und politische Situation stark und führte im Juni 1936 zur Bildung des Ministeriums der „Nationalen Front" unter dem Vorsitz von Leon Blum.

Brief 36

1 In der Anmerkung zu einem Brief der Zwetajewa schreibt S. Schachowskaja: „Keines der Manuskripte M. Zwetajewas ist bei mir angekommen. Der unbekannte Lucien hat sich nicht gemeldet. 1966 sandte mir O. N. Wolters freundlicherweise ein maschinengeschriebenes Manuskript der Puschkin-Übersetzungen. Leider bekam ich sie nicht rechtzeitig zur Zusammenstellung einer kleinen Jubiläumsausgabe Puschkins, die von mir im Verlag des Journal des Poètes 1937 gemeinsam mit Prof. M. L. Hofman, W. Wejdle, G. Struve herausgegeben wurde; sie enthielt unveröffentlichte Übersetzungen einer Reihe von belgischen Dichtern, W. Nabokow und mir". (*Otraschenija*, a.a.O., S. 170).

2 Auf der anderen Seite des Blattes sind drei Zeilen durchgestrichen: man kann sie als Anrede an M. S. Stepurschinskaja lesen: „Liebe Marija Sergejewna" – und einige einzelne Wörter: „... und sie ist allein ... und versteckt sich obendrein".

3 Im Brief vom 22. Juni schrieb M. Z. an S. A. Schachowskaja: „... Bitten Sie O. N. um mein Manuskript. Es geht darum, daß ich jenem Herrn, der mir so gut zugehört hat und dem ich dann ‚zur Abwechselung' von meinem Recken erzählt habe, schließlich (sehr schnell) meine ‚Lettre' gegeben habe; er schreibt *nicht*, ist aber ein *wunderbarer* Leser, es geht darum, daß ich diesem Herrn (er heißt Lucien, ist ein Freund von O. N.) geschrieben habe – und er mir (wieviele Herren und wie wenig Herrschaften! in meinem Leben) *nicht* geantwortet hat – und ich kann nicht mehr schreiben. Fast immer habe ich *als erste* geschrieben und *nie* ein zweites Mal.

Es wäre gut, diese ‚Lettre' zu retten, denn ein Mensch, der auf einen Brief nicht antwortet, kann auch Manuskripte verlieren..." (*Otraschenija*, a.a.O., S. 127).

Brief 37

1 *C'est quelque chose* – Das ist etwas. Die jüngere Tochter der Ariadna Berg, Jelena, erinnert sich, daß ihre Mutter das Halsband trug, sie wußte jedoch nicht, daß es ein Geschenk-Tausch der Zwetajewa war. Das Halsband verschwand, wie viele andere Sachen Ariadna Bergs, am Ende des Krieges.
Eine Leidenschaft für Dinge, für wertvollen Schmuck, besonders für Ringe, wurde durch die Bereitschaft ausgeglichen, ihn an andere zu verschenken.
Vgl. in der *Erzählung von Sonetschka:*
„– Marina Iwanowna, Ihnen hat mein Ring immer gefallen. Nehmen Sie ihn [...].
– Wolodja! Dies ist wohl der erste Ring, der *mir* geschenkt wird, immer war ich es, und (ich habe ihn abgenommen und halte ihn in den Händen) wenn ich Ihnen dies bis jetzt nicht geschenkt habe, dann nur deshalb, weil ich es schon Ju. S. und Pawlik und so vielen vor ihnen geschenkt habe!" (Unveröff., S. 336).
M. Z. schenkte S. A. Schachowskaja einen silbernen Ring mit einer Koralle (später schenkte S. Sch. ihn an den Dichter Wladimir Smolenskij weiter, vgl. *Otraschenija*, a.a.O., S. 170).

2 *Tagebuch eines Landpfarrers:* Roman des französischen katholischen Schriftstellers Georges Bernanos (1888-1949), der 1936 erschien und ihm breiten Ruhm einbrachte.

3 *verunglückte* – im Original dt. [B. E.].

4 Das historische Städtchen Moret am Rand des Waldes von Fontainebleau und an den Flüssen Seine und Loing.

5 Lucien hatte noch immer nicht geantwortet, schrieb jedoch später (vgl. Brief 44).

Brief 38

1 Marija Alexandrowna Mejn (1868-1906). 1914 beschreibt M. Z. in einem Brief an Rosanow dieselbe Episode:
„Mamas Jugend war, wie ihre Kindheit, einsam, schmerzlich, rastlos, tiefverschlossen. Ihre Helden: Wallenstein, Possart, Ludwig II. Eine Fahrt in der Mondnacht über die

Oder, wo er umgekommen ist. Von ihrer Hand gleitet ein Ring – das Wasser nimmt ihn auf – das war ihre Verlobung mit dem toten König." (UB, S. 28).

Ludwig II. von Bayern (1846-1886) löste seinen Vater Maximilian 1864 auf dem bayrischen Thron ab. Er zeichnete sich durch eine romantische Geisteshaltung aus, schwankte zwischen Euphorie und Anfällen von Schwermut, vergötterte Wagner, baute eine Reihe von Schlössern mit bizarrer Architektur. Den Regierungsgeschäften entfremdet und eingeschlossen auf Schloß Berg, ertränkte er sich zusammen mit seinem Arzt unter ungeklärten Umständen im Starnberger See (nicht in der Oder, wie M. Z. irrtümlich schreibt).

Alexander Dawidowitsch Mejn, ostpreußischer Abstammung mit Beimischung von serbischem Blut, Direktor der Agrarbank: „Großvater, der das Leben meiner Mutter zerstört hat [indem er ihr verbot, einen bereits verheirateten Mann zu heiraten] und den meine Mutter bis zu seinem und ihrem letzten Atemzug vergötterte." (UB, S. 447).

2 Anastasija Iwanowna Zwetajewa (geb. 1894) war in erster Ehe mit Boris Andrejewitsch Truchatschew verheiratet (1893-1920, er fiel auf der Krim in den Reihen der Freiwilligenarmee). Autorin von *Erinnerungen* an die gemeinsame Kindheit und Jugend mit M. Z. (*Wospominanija*, Moskau 1974, zweite, ergänzte Auflage, 543 S.). A. Zwetajewa beschreibt zwei Fälle, wie sie sich aus „romantischen" Motiven von ihren Ringen trennte:

„Mir wurde an diesem Tag [die Episode bezieht sich auf Ende 1914, als A. I. Z. aus Warschau nach Moskau zurückkehrte] eine sehr schöne Geste zueigen: ich warf den Ring aus dem Fenster, der mir lieb war, ein Geschenk von S. E[fron]... einfach aus dem Bewußtsein der Schönheit dieser nutzlosen Geste heraus, um mich an ihn zu erinnern, zu wissen, daß mein Ring auf irgendeinem schlammigen Feld des Königreichs Polen lag, wo ihn vielleicht niemand je finden würde." (*Dym, dym i dym* [Rauch, Rauch und nochmals Rauch], Moskau 1916, S. 88).

Im unveröffentlichten Teil der Erinnerungen (in der Sammlung von L. Mnuchin) erzählt A. I. Z., wie sie einige Jahre später ihren Verlobungsring vom Finger nahm und ihn von einem Felsen in die Tiefe warf, weil sie auf die Aufmerksamkeit eines engen Freundes antworten wollte:

„Eine ziellose, romantische Geste... Unbemerkt von dem, für den sie bestimmt war". (Beide Fälle sind wahrscheinlich im Bewußtsein der Zwetajewa miteinander verschmolzen). (Nach Je. I. Lubjannikowa).

3 Die Rede ist vom Ehepaar Pluzer-Sarna, mit dem sich M. Z. in Moskau zwischen 1910 und 1920 befreundete – Tatjana Isaakowna (1887-1972), geb. Lewit, in zweiter Ehe Ajsenberg, und Nikodim Akimowitsch (1883-1945). Es existiert eine Notiz Zwetajewas auf einem Exemplar des Bandes *Wersty I* (Moskau, GIS, 1922), wo von einer Liebe zu Pluzer-Sarna und von der an ihn gerichteten Lyrik die Rede ist: „Alle Gedichte von hier ab – bis zum Ende des Buches – und viel weiter – sind für Nikodim Pluzer-Sarna geschrieben, von dem ich – ein Leben später – sagen kann, daß er es verstand, mich zu lieben, diese schwierige Sache zu lieben – mich. Und er sprach russisch – so – und dafür liebte ich ihn besonders! – Dort, in der Sonnenglut sitzen Professoren in Sandalen und melken Ziegen..." [N. P.-S. spricht hier ein Russisch mit falscher Betonung. – B. E.] M. Z., Moskau, 3. 5. 1941 – vielleicht genau am Tag der Begegnung mit ihm – im Mai 1916. Die Notiz befindet sich auf S. 90 unter dem Gedicht „Hände, mir gegeben, um jedem beide auszustrecken..." Gegenwärtig befindet sich das Exemplar der *Wersty* mit der ganzen Sammlung des verstorbenen M. S. Lesman im Museum A. A. Achmatowas. Vgl. *Bücher und Handschriften in der Sammlung M. S. Lesmans.* Moskau, Kniga, 1989, S. 226) (Nach Je. I. Lubjannikowa).

4 *kein objet de luxe* ... – kein Luxusgegenstand, sondern eine Notwendigkeit, sogar eine Strafe.

5 *Boris* Emiljewitsch Wolters, der Mann Olga Nikolajewna Bogdanowas, geb. 1901.

6 *le moi du moi* – „das Ich meines Ichs".

7 M. Z. übersetzte 14 Gedichte Puschkins ins Französische: Das Lied aus „Gelage während der Pest", „Der Prophet", „Meiner Kinderfrau", „Für die Ufer der fernen Heimat...", „Der Freiheit öder Sämann...", „An das Meer", „Dämonen", „Vorzeichen", „Beschwörung", „Der Dichter" („Solange nicht den Dichter fordert..."), „Den Freunden", „Dem Dichter" („Dichter! zittere nicht vor des Volkes Liebe..."), „Erinnerung", „Verse, geschieben in einer schlaflosen Nacht." Vgl. Ariadna Efron, *O Marina Zwetajewoj*, Moskau 1989, S. 472.

Brief 39

1 Brief ohne Datum, doch aus dem Inhalt geht hervor, daß er direkt vor der Abreise in die Sommerferien in Moret geschrieben wurde. Das Wiedersehen sollte am 2. Juli stattfinden.

2 *aller et retour* – hin und zurück.

Brief 40

(Zwei Ansichtskarten, ganz beschrieben. Die erste zeigt „die Kirche mit Blick auf die Loing", die zweite „Burgunder Tore und die Kirche").

1 Im Brief (auf einer Ansichtskarte) an A. Tesková beschreibt M. Z. ihren Aufenthalt mit Mur in Moret folgendermaßen:

„... Durch die Tore gingen sie an den Fluß, eigentlich – ans Flüßchen, mit dem wunderlichen Namen Loing (loin! – *weit*) Das Flüßchen ähnelt dem, in dem wir im Gouvernement Tula badeten, mit 15 Jahren, auf dem ehemaligen Gut Turgenews, – dort, wo die Wiese ist. Doch dort war keine Menschenseele (nur ein Hund saß da und wachte), und hier – ein Haufen ‚Seelen': Datschen, Angler, Boote, nicht ein leerer Platz.

... Moret ist ein mittelalterliches Städtchen bei Fontainebleau, die kleinen Straßen (außer der Haupt-, der Marktstraße) sind wie ausgestorben, keine Menschen, dafür eine Menge Katzen. Und uralte Greise. Wir wohnen in der zweiten Etage, in zwei getrennten Zimmern (später kommt S. Ja.), die direkt auf den Rücken der Kirche hinausgehen. Wir leben unter Chimären." (BT, S. 141).

2 *Familistère:* Bezeichnung einer Kette volkseigener Lebensmittelläden.

3 M. Z. versucht, den Worten Murs einen intuitiv-poetischen Wert zu geben. Bei Baudelaire, der die im Stadtverkehr überfahrenen alten Leute beschreibt, gibt es solche Zeilen im Gedicht „Les petites vieilles":

> Ils rampent, flagellés par les bises iniques,
> Frémissant au fracas roulant des omnibus...
>
> (Sie kriechen, von unrechten Winden gepeitscht,
> Zitternd vom Tosen der Autobusräder...)

4 Nikolaij Oskarowitsch, der Mann Ariadna Bergs.

Brief 41

1 Als Journalist beim Völkerbund war der Mann Ariadna Bergs ständig abwesend. Dennoch kam ein „letztendliches Wiedersehen" nicht zustande: sechs Monate später starb Nikolaj Berg bei einem seiner Aufenthalte in Berlin. Not und Elend A. Bergs hatten damit erst begonnen.

Brief 42

1 *littéralement* – buchstäblich.

Brief 43

1 *Schloß Arsine* (in geringer Höhe zwischen Annemasse und Annecy gelegen) gehörte der Familie Stange, die in ihm eine russische Pension unterhielt. In einem anonymen Artikel der Zeitschrift *Wosroschdenije* (Wiedergeburt) vom 19. Oktober 1937 heißt es: „Hier muß die Nähe der Beziehungen, die im Laufe der letzten Jahre zwischen Efron und Michail Stange bestanden haben, besonders unterstrichen werden. Jeden Sommer, bis auf den letzten, verbrachte Efron bei Stange in Annemasse. Nach Aussage der Personen, die sie zusammen gesehen haben, hatte er auf Stange einen großen Einfluß, und dieser hörte in allem auf ihn. Und Efron selbst verbarg nicht, daß Stange alles tat, was er ihm sagte." Sergej Jakowlewitsch Efron lebte 1930 acht Monate in der Schloß-Pension, und für den Sommer meldete er seine Familie an, die sich in einem kleinen Dorf drei Kilometer vom Schloß entfernt niedergelassen hatte. Vgl. BT, S. 84. In den Briefen dieser Jahre verlegte M. Z. das Schloß ins 15. Jahrhundert.

Gleich nach dem Krieg „zog Michail plötzlich die Uniform eines jüngeren sowjetischen Leutnants an" (vgl. N. A. Kriwoscheina, *Tschetyre treti naschej schisni* [Vier Drittel unseres Lebens], Paris, YMCA-Press, 1984, S. 160). In jenen Jahren wurde beharrlich und offen davon gesprochen, daß die Schloß-Pension eine der Brutstätten des sowjetischen Geheimdienstes war. M. Stange kehrte in die Sowjetunion zurück, wo er einen ehrenvollen Posten im Institut für Weltgeschichte bekam.

Brief 44

1 *Chère Madame...* – Verehrte Frau... verzeihen Sie... bezaubert... teure... meine Dame (Dame!)... Verzeihung... Bezau-

berung. – In schablonenhaften Worten der Höflichkeit stellt M. Z. den ursprünglichen Sinn wieder her.

2 Die hl. Märtyrerinnen Nadeschda, Wera, Ljubow und deren Mutter Sofija feiern am 30. September Namenstag. Die Märtyrerin Ariadna hat am folgenden Tag Namenstag.

Brief 45

1 Zwischen diesem Brief und dem vorhergehenden liegt eine Pause von sechs Monaten: Ende 1936 erkrankte der Mann Ariadna Bergs; er wurde in Berlin operiert und starb am 10. Januar 1937 im Alter von 49 Jahren an einem Herzschlag.

2 Gleich nach dem Tod ihres Mannes übersiedelte Ariadna Berg mit ihren Kindern endgültig nach Brüssel, in die Nähe ihres Bruders.

3 *Domaine sans nom* – aus dem Roman *Le Grand Meaulnes* (vgl. Brief 30).

4 *son grand rêve* – sein großer Traum.

Brief 46

1 Der Tod der älteren Tochter Marie-Henriette (Butja) durch Blutvergiftung, der am 12. Oktober 1937 erfolgte (mit 13 Jahren), fiel mit der „Katastrophe" Zwetajewas zusammen: der öffentlichen Enttarnung der Rolle Sergej Efrons bei der Ermordung des Tschekisten und Nichtheimkehrers Ignaz Reiss, die zur Folge hatte, daß S. Ja. heimlich in die Sowjetunion zurückkehren mußte. (Vgl. Anmerkung zu Brief 47). M. Z. wurde zusammen mit Mur von der französischen Polizei „vom Morgen bis zum Abend" verhört.

2 *C'est le plus loyal...* – Er ist der loyalste, edelste und menschlichste Mensch. – Aber sein Vertrauen wurde mißbraucht. – Das meine in ihn jedoch – niemals. – Die zweite Phrase „Sein Vertauen..." war fast wörtlich in verschiedenen, jedoch sehr ähnlichen Varianten bekannt: „Sa bonne foi a pu être abusée, la mienne en lui reste entiere." Vgl. Karlinsky, Marina Cvetaeva. Studien und Materialien. Wiener Slavistischer Almanach. Sonderband 3, S. 224. S. A. Schachowskaja zitiert mit den Worten Zwetajewas diese Phrase: „Sa bonne foi pu être surprise, la mienne en lui reste entiere", *Otraschenija*, a.a.O. S. 165.

Brief 47

1 Den Sommer 1937 verbrachte M. Z. mit Mur am Atlantik,

südlich von Bordeaux in der Siedlung Lacanau-Océan. „Der Ort war ziemlich wild... Eine neue Siedlung, die ständigen Bewohner einige Familien, die übrigen vermieten und leben nur im Sommer. Ein riesiger, maßloser Strand mit riesigen Sandbänken bei Ebbe. Und ein riesiger Kiefernwald – alles angepflanzt." (BT, S. 154). Den ganzen Sommer über schrieb M. Z. ihr letztes großes Werk *Powest o Sonetschke* (Erzählung von Sonetschka), das der Schauspielerin S. A. Holliday gewidmet ist, der M. Z. in Moskau während der ersten Revolutionsjahre nahestand. „Das war ein weibliches Wesen, das ich mehr als alles auf der Welt geliebt habe. Vielleicht mehr als *alle* Wesen (männliche und weibliche). Von Alja erfuhr ich, daß sie gestorben ist – ‚als die Tscheljuskiner kamen' [Teilnehmer einer Polarexpedition der ‚Tscheljuskin' 1933. Vgl. dazu Gedicht ‚Tscheljuskinzy' in Ged. u. P. III, Anm. S. 486. – B. E.] Und jetzt schreibe ich. Meine Sonetschka soll erhalten bleiben. Es war im Frühling-Sommer 1919." (BT, S. 155).

2 Dem Brief beigelegt ist ein S. Ja. Efron gewidmetes Gedicht von 1914, abgeschrieben von Zwetajewas Hand.

3 In der Nr. 4101 vom 29. Oktober 1937 erschien ein langer anonymer Artikel über die Entführung des Generals E. K. Miller und die Durchsuchung beim „Heimkehrerbund". Einer der Zwischentitel lautet: „Der Eurasier Efron – ein Agent der GPU", und im Artikel werden Tätigkeit und Persönlichkeit des Mannes der Zwetajewa eingehend beleuchtet:

„Die Durchsuchung, die in den Räumen des ‚Bundes der Freunde der sowjetischen Heimat' in der rue de Bussy durchgeführt wurde, d. h. des Heimkehrer-Bundes, rief nicht nur in den Kreisen der Rückkehrer, sondern auch in der bevollmächtigten Vertretung der UdSSR einen wahren Tumult hervor. Die Klepinins flohen aus Paris, nachdem man sie vehört hatte. Auch der ehemalige Eurasier floh und nach ihm einer der Anführer des Heimkehrerbundes, S. Ja. Efron. Die Flucht Efrons war ein überaus bedeutungsvolles Ereignis. Heute gibt es Grund zu der Annahme, daß zwischen ihm und Skoblin eine bestimmte Verbindung bestand und daß Efron auf den Auftrag der GPU hin an den ‚Maßnahmen zur Beseitigung unerwünschter Elemente in der Emigration' teilnahm.

[...] Efron ist ein Vorkämpfer. Während seiner Zeit in der

Freiwilligenarmee hat er sich tapfer gegen die Bolschewiken geschlagen. Nachdem er Eurasier geworden war, hielt er den Kontakt mit seinen Kampfgenossen aufrecht, insbesondere gibt es keinen Zweifel, daß er niemals die Verbindung zu Skoblin verloren hat [Organisator der Entführung General Millers]. In Gesprächen unterstrich Efron, daß ihm, obwohl Jude von Abstammung, der jüdische Internationalismus fremd sei und daß er den Bolschewismus nur so weit akzeptiere, wie er das ‚russische Wesen' zum Ausdruck bringe. Efron hat einige belletristische Werke geschrieben, hatte aber keinen Erfolg. Nach und nach ließ er von seiner literarischen Tätigkeit ab und ‚vertiefte sich in die reine Politik'. Nach und nach begann er auch in der Politik vom Halbbolschewismus abzurücken und sich einem aufrichtigen Bolschewismus zuzuwenden.
Als er in den Heimkehrerbund eintrat, hielt Efron weiterhin Verbindungen mit einigen Emigrantenkreisen aufrecht und versuchte mit allen möglichen Mitteln einen möglichst großen Teil der Emigranten auf die Seite der Bolschewiken zu ziehen.
Er entwickelte folgende Ideen: ‚die Reformen Peters trafen bei kaum der Hälfte der Bevölkerung Rußlands auf Zustimmung, doch sie waren eine Tatsache, und mit ihnen mußte man sich abfinden. Der Bolschewismus und die Sowjetmacht sind ebenfalls Tatsachen, mit denen man sich abfinden muß. Die Emigration muß sich folglich in jeder Weise um eine Vereinigung mit Sowjetrußland bemühen, d. h. sie muß in die UdSSR zurückkehren und sich an der allgemeinen Arbeit beteiligen. Dies ist allerdings nicht leicht durchzuführen, denn in der Emigration gibt es viele Elemente, die mit allen Mitteln ein solches ‚legitimes Bestreben' stören. Mit diesen Elementen muß man kämpfen, man muß die ‚Erzreaktionäre' von den führenden Posten der Emigration entfernen und durch eigene Leute ersetzen. Dies sollte eines unserer grundlegenden Ziele sein.'
Familienangelegenheiten spielten anscheinend bei der Evolution Efrons ebenfalls eine Rolle. Wie bekannt, ist er mit der Dichterin Marina Zwetajewa verheiratet. Letztere stammt aus einer Moskauer Professorenfamilie, hatte rechte Überzeugungen und hatte sogar die Absicht, ein Poem über die Zarenfamilie zu schreiben. Heute haben sich anscheinend ihre Überzeugungen gewandelt, so daß sie über

den offenen Bolschewismus ihres Mannes hervorragend Bescheid wußte. Die Tochter Efrons ist vor anderthalb Jahren in die Sowjetunion gereist, wo sie sich auch heute noch befindet. Nach der Abreise der Tochter verbarg Efron vor niemandem mehr, daß er bis zuletzt den Bolschewiken dienen werde.
Sein ganzes Leben zeichnete sich Efron durch einen angeborenen Mangel an Moralempfinden aus. Er ist, so sagt unser Informant, ein ekelhaftes dunkles Insekt, ein undurchsichtiger Macher, zu allem fähig, der in seine Schlußfolgerung schon die Größe und Unbesiegbarkeit Stalins einbezieht. Diese verbrecherische, armselige Gestalt, Efron, wie auch der ganze linke Flügel der Eurasier, ist zu den sowjetischen Gleisen übergegangen mit dem Resultat einer verschärften Faktenverehrung."
In den *Poslednije Nowosti* vom 24. Oktober 1937 waren ähnliche Informationen zu finden, jedoch in wesentlich milderen Tönen. Ein Korrespondent der Zeitung, N. M. B., der die Gerüchte von einem gleichzeitigen Verschwinden von S. Ja. Efron und M. Zwetajewa bestätigen wollte, fuhr am 23. Oktober nach Vanves hinaus und bekam von ihr, „die nirgendwo hingefahren war", folgende Erklärung:
„Vor zwölf Tagen, – so berichtete uns M. I. Zwetajewa, – hat mein Mann sich eilig fertiggemacht und unsere Wohnung in Vanves verlassen, wobei er mir mitteilte, er reise nach Spanien. Seither habe ich keine Nachricht von ihm. Seine sowjetischen Sympathien sind mir natürlich bekannt, wie auch allen, die meinem Mann begegnet sind. Seine enge Beteiligung an allem, was die spanischen Angelegenheiten betrifft (bekanntlich hat der ‚Bund für die Rückkehr in die Heimat' eine nicht geringe Zahl russischer Freiwilliger nach Spanien geschickt), war mir ebenfalls bekannt. Er betrieb noch irgendeine andere politische Aktivität, welcher Art, weiß ich jedoch nicht.
Am 22. Oktober, gegen sieben Uhr morgens erschienen vier Polizeiinspektoren bei mir, sie führten eine langwierige Hausdurchsuchung durch und nahmen aus dem Zimmer meines Mannes seine Papiere und seinen persönlichen Briefwechsel mit.
Danach wurde ich in die ‚Sureté National' vorgeladen, wo man mich viele Stunden lang verhörte. Ich konnte nichts Neues über meinen Mann berichten."

An der gleichen Stelle heißt es mit den Worten eines ehemaligen Eurasiers und engen Freundes N. Klepinins, daß S. Ja. „Leute für den Dienst bei der GPU angeworben habe."

Brief 48

1 In diesem Poem, geschrieben 1922 nach Motiven eines Märchens von Afanasew, stirbt Marusja aus Treue zu dem Vampir, in den sie sich verliebt hat, und verwandelt sich in ein Bäumchen. In diesen Baum verliebt sich ein Gutsherr, der des Weges kommt:

Am Werstenkreuz dort
(alle sind krumm, einer nach oben)
Brennt eine Blume rot,
Brennt, und rein ist die Kohle.

[...]

In den Schnee – bis zum Knie,
Der Pelzmantel offen geblieben
(Ist er schön, sag es mir –
Schwer wiegt die Sünde.)

[...]

Er bläst, er schüttelt
Vom Laub den Schnee.
Setzte sich, in den Rock gewickelt
– Ihr Wersten, hej!

2 Ariadna Berg wurde am 16. November geboren.

3 „Das Leben der hl. Theresia vom Kinde Jesu, geschrieben von ihr selbst." Die „kleine" hl. Theresia (im Unterschied zu der „großen" Theresia von Avila, 16. Jahrhundert) wurde 1873 in Alençon geboren, trat in das Karmeliterkloster in Lisieux ein, wo sie 1897, mit 24 Jahren, an Schwindsucht starb. Sie wurde 1925 in Rom heiliggesprochen.
Das Buch der „kleinen" hl. Theresia schickte (schenkte) Wera Bunina M. Z. (auf deren Bitten hin: „Schicken Sie mir die hl. Theresia zum Lesen" – UB, S. 463) im April 1934. Als Antwort auf das Geschenk schrieb M. Z. ihr: „Ich habe die Theresia bekommen, liebe Wera. Ich werde sie schonen und zurückgeben. Doch ich fürchte, daß ich sie nur beneiden werde. Gott zu lieben ist ein beneidenswertes

Schicksal!" (Brief vom 28. April 1934 – UB, S. 467). Für das Buch und das Bild der „kleinen" hl. Theresia begeisterten sich zu jener Zeit viele Schriftsteller der Emigration: Hippius, Mereschkowskij, A. Ginger usw.

4 *Je veux être...* – Ich möchte Sein Spielzeug sein: Sein kleiner Ball... Ich will, daß auf mich all Seine Launen niedergehen... Jesus hat seinen kleinen Ball weggeworfen.

5 *Je passerai...* – Ich verwende meinen ganzen Himmel, um der Erde zu helfen.
Tout mon ciel – tout mon temps: meinen ganzen Himmel – meine ganze Zeit.
grande amoureuse – große Liebende.
„du temps" – dieser Zeit.

6 *que je tombe...* – daß ich in die Religion verfalle.

7 Die persönliche Bekanntschaft Zwetajewas mit Woloschin (1877-1931) kam Ende 1910 zustande, als sie nicht 16, sondern 18 Jahre alt war. M. Woloschin äußerte sich lobend über ihren ersten Gedichtband, und seit jener Zeit entstand zwischen ihnen eine dauerhafte Freundschaft. Bekannt sind 43 Briefe Zwetajewas an Woloschin, 21 von ihnen wurden von W. P. Kuptschenko in der „Jahresschrift der Handschriften-Abteilung des Puschkin-Hauses" von 1975 veröffentlicht. Leningrad, 1977, S. 151-185; s. M. Zwetajewa, An Anna Achmatowa. Berlin (Oberbaum) 1992.

8 Der letzte Vierzeiler des Gedichts vom 15. 8. 1916 „Gott krümmte sich vor Sorgen". M. Z. übersetzte es ganz in dem zitierten Brief an W. N. Bunina als Antwort für die Übersendung des Buches der hl. Theresia. Anscheinend sah M. Z. in ihnen den adäquatesten Ausdruck ihrer eigenen Beziehung zu Gott (eine Liebe, die niemals gestillt wird zum Menschen, zum Geschöpf Gottes, aber nicht zu Gott). (Vgl. unser Essay „Der tragische Unglaube M. Zwetajewas", *Westnik RChD*, Nr. 137, S. 212-217).

9 *à la disposition* – zur Verfügung [der Polizei, versteht sich].

Brief 49

(Der Brief ist auf eine Ansichtskarte, die die Stände der Bouquinisten am Seine-Ufer vor dem Hintergrund der Notre-Dame zeigt, geschrieben).

1 Aller Wahrscheinlichkeit nach ein Buch der französischen katholischen Dichterin Marie Noel (Pseudonym; eigentlich Rouget, 1883-1968)

2 *C'est bien là ...* – Ist das hier? – Ja. – Eine Sendung für Sie. – Sie irren sich sicher, ich erwarte nichts. – Wie auch immer, das ist für Sie.

3 Zweizeiler B. Pasternaks aus dem Gedicht „Laß die Worte fließen" (aus dem Band „Meine Schwester, das Leben"):

> Du fragst, wer hier gebietet?
> Die Allmacht der Details
> Und die Allmacht der Liebe
> Jagiełłos und Jadwigas.

Brief 50

1 Die Tschechei ist hier auch möglicherweise kein Sinnbild, sondern es gab wohl bereits einen Plan für eine reale Übersiedelung. A. Tesková schrieb nach den Tod Zwetajewas an A. L. Bem: „Wir träumten die ganze Zeit über davon, wie wir Marina, würde sie hier erscheinen, das Zimmer neben der Küche einrichten würden (das wir schon dafür vorbereitet hatten)". Vgl. V. Schweitzer, *Bytjo i byt Mariny Zwetajewoj* [Alltag und Leben der Marina Zwetajewa]. Paris 1988, S. 443. In den veröffentlichten Briefen Zwetajewas an Tesková gibt es keinerlei Erwähnung eines solchen Plans.

2 *velours de laine:* Wollvelour.
suédine qualité lourde: Imitation eines schwedischen Wildleders schwerer Qualität.

3 „Zum guten Geschmack". Name eines Fabrikverkaufs von Lederkleidung.

4 *blousons* – kurze Jacken

5 *complètement croisé* – ganz umgeschlagen

6 *une dame forte* – eine starke Dame.

7 *Mais le 46...* – doch die 46 wird passen

8 Die Zeichnung ist nicht erhalten geblieben.

9 *Powest o Sonetschke* ist tatsächlich das letzte große Werk Zwetajewas.

10 „Sie war blaß und doch ganz rosig,
Klein, mit großem Haar."
(Aus einem Gedicht von Victor Hugo aus der Sammlung „Contemplations").

11 „große und nicht lange".

12 *Freunde, Mutter und Tochter:* Margarita Nikolajewna Lebedewa und ihre Tochter Irina (Irusja).

Bruder und Schwester: anscheinend die Dichterin Alla Glowina (in der zweiten Ehe Gilles de Pelichy, 1912-1987) und ihr Bruder, Anatolij Steiger.

13 Anscheinend Nikolaj Jelenew, Freund der Familie noch in Prag, Autor von Erinnerungen an M. Z. (*Grani,* 43), wird als Kolja auch in *Powest o Sonetschke* erwähnt: „Vor zwölf Jahren, zwölfeinhalb Jahren, im November 1937, gehe ich durch eine unbekannte Straße in Paris mit meinem russischen Begleiter Kolja, der kaum älter war als der damalige Wolodja, durch den Regen".

14 Vielgelobter Film (1937) des französischen Regisseurs Jean Renoir (1894-1979), der über den Ersten Weltkrieg erzählt mit der vergeblichen Hoffnung, daß es nie wieder Krieg geben werde.

15 Am 16. Februar schrieb M. Z. an Wera Bunina: „Ein Radio (ich sage Radio und nicht T. S. F., das ich mit S. O. S verwechsle und in dem für mich deshalb – Unruhe enthalten ist). Wera, auch wir haben ein Radio, und wie, und was für eins. In Clamart haben wir Freunde, die Artemows, er und sie (er ist ein kubanischer Kosak und der beste Holzschnitzer in Frankreich, sie – Aquarellmalerin... sie haben ein neues (Radio) bekommen und das alte uns gegeben." (UB, S. 460).

16 Die Tochter Zwetajewas, Ariadna Efron, reiste am 15. März nach Sowjetrußland und war bis zu ihrer Inhaftierung 1940 bei der Zeitschrift *Revue de Moscou* beschäftigt.

17 Die Briefe Zwetajewas, die S. A. Schachowskaja veröffentlicht hat, stammen alle aus dem Jahr 1936.

Brief 52

1 *Isadora Duncan* (1878-1927), amerikanische Tänzerin. Ihr Buch erschien 1928 in französischer Übersetzung (es gab auch eine russische Übersetzung: *Moja schisn* (Mein Leben). *Awtobiografija*, Moskau 1930).

2 *peut tenir...* – kann ersetzen und nicht ersetzen.

3 Englischer Regisseur, Maler und Theatertheoretiker. Er führte gemeinsam mit Stanislawskij 1911 im Moskauer Künstlertheater (MChT) den Hamlet auf.

4 Paris Singer, Millionär und Industrieller, Besitzer eines größeren Wolkenkratzers in New York: „ein großer Blonder trat ein, mit wehendem Haar und Bart – ich sagte mir sofort: das ist Lohengrin."

5 Walter Rummel.

6 Isadora Duncan versuchte vergeblich, Stanislawskij zu verführen, als sie das Verlangen verspürte, sich in einen „starken" Mann zu verlieben.

7 Sie starben 1913 bei einem Autounfall.

8 Sergej Jessenin (1895-1925) heiratete Isadora Duncan 1921, 1922 fuhr er mit ihr für ein ganzes Jahr ins Ausland. Er ließ sich 1923 nach seiner Rückkehr nach Rußland von ihr scheiden.

9 Im Original dt. [B. E.].

10 Der Bruder der Isadora Duncan, Künstler, Tänzer, fuhr mit seiner Schwester nach Griechenland, um dort einen „antiken Tempel, wo ihre ganze Familie leben und sich der Kunst widmen könnte", zu bauen. Aus diesem Vorhaben wurde nichts.

11 Anscheinend N. Clifford-Barney, vgl. Anmerkung zum Brief 19.

12 „Wenn Sie nicht stehen können, mein Herr, hier ist mein Stuhl, ich bin aber keine Stütze."

13 Ungenaues Zitat aus einem Lesebuch-Gedicht Lermontows „Das Segel" (es muß heißen: bittet um Sturm).

14 Zitat aus den Gedicht von Tjutschew „Cicero" („Ein römischer Redner sprach").

15 Im Original dt. [B. E.].

16 Nach dem Tod der Mutter 1906 lebte M. Z. im Pensionat der Alferowa, von dem sie, laut V. Schweitzer, verwiesen wurde, ohne das Schuljahr beendet zu haben. In den folgenden drei Jahren wechselte sie noch auf zwei Gymnasien. (Vgl. *Bytjo i byt Mariny Zwetajewoj*, Paris 1988, S. 68).

17 *à quoi bon* – wozu?

18 Ariadna Berg übersetzte ein Buch von S. Maslewskij-Malewitsch (dem Mann S. A. Schachowskajas).

19 *virtualité* – Wirkungsvermögen.

20 *tirant sur le rouge* – in Rot übergehend.

21 *évasé vers le bas...:* nach unten hin weiter werdend, ganz übereinandergeschlagen.
émmanchures: Ärmelausschnitte

Brief 53

1 Jener Zug, zu dem *alle*
Sich verspäten...
Selbstzitat aus dem ersten Gedichtzyklus „Poemy" 1923.

2 *marraine de rêve* – Patin im Traum.
3 Im Original dt. [B. E.].

Brief 54
1 *entièrement doublé* – ganz gefüttert.
doublé ou non – gefüttert oder nicht.
2 *revers* – Umschlag.
3 *occasions* – Sonderangebote.

Brief 55
1 *c'est le rêve* – das ist mein Traum.
2 Von *„Ich schicke..."* bis *„das übrige":* mit dickem Rotstift unterstrichen.

Brief 56
1 Aufgrund des Poststempels datierbar. Das Briefchen wurde an die Adresse der Eltern Ariadna Bergs mit Rohrpost und von ihnen weiter nach Brüssel geschickt, so daß Ariadna, nachdem sie erfahren hatte, daß ihre Tochter Wera an Mumps erkrankt war, „am Samstag dringend nach Hause fahren mußte." Das vorgeschlagene Wiedersehen am Montag kam nicht zustande.
2 Am 8. April schrieb Ariadna Berg von ihren Eltern in Paris aus, bei denen sie zu Besuch war, an M. Z. einen Brief (der erste der in der Folge von M. Z. an sie zurückgegebenen Briefe, den wir hier vollständig anführen:

91, rue Erlanger Paris XVIe 8. 4. 38

Liebe Marina,

Ich habe meinem Bruder Ihren Thiers für 150 Francs verkauft! Er kommt ihn abholen, wann Sie wollen, er ist sehr froh darüber. Ich bitte Sie, ihn gern zu haben und zu mögen. Er ist mein Freund, in vielem mir ähnlich. Als ich von Ihnen kam, wäre ich am liebsten sofort zurückgegangen, um Sie noch einmal zu hören, Ihnen noch etwas zu sagen, so viel, in dichtem Strom. Mit Ihnen, *nur* mit Ihnen als einzigem in meinem Leben, denke ich laut, fühle, lebe vor Ihnen, ganz gleich, mit welchen Worten, denn nichts bedarf einer Erklärung.
Ich möchte Ihnen dafür danken, daß Sie Sie sind, und daß dieses Wunder in meinem Leben geschehen ist – das Wunder meiner Begegnung mit Ihnen. Wir werden uns

wiedersehen, Marina, daran glaube ich fest. Am Montag, vielleicht – ich schreibe dann einen pneu. Aber vielleicht auch erst am selben Morgen. Und ich werde alles tun, um *Ihretwegen* noch einmal kommen zu können (für alle anderen werde ich *nicht* hier sein), daß wir uns zwei Tage nicht trennen müssen. Doch wir wollen nicht voraus denken.

Was auch geschieht, wo Sie sich auch befinden, was mir auch zustößt – ob Glück, ob Leid, Sie nehmen an allem *aktiv* teil. Und *wenn* ich einen Sohn bekommen sollte, wird er natürlich mit dem Traum von seiner „marraine de rêve" aufwachsen.

Ich werde immer an Sie denken, wie an ein herrliches Gottesgeschenk. Ihr Halsband ruhte an meinem Hals. Ihre Worte, Ihre Welt, Ihre silbernen Blicke umgeben mich mit einer Schutzmauer vor der Alltäglichkeit und dem Spießbürgertum.

Ich liebe Sie, Marina, so sehr, daß Sie, wenn Ihnen das Leben schwer wird – wann immer das sein möge –, immer daran denken sollen, und es wird Ihnen wärmer, leichter werden. Zählen Sie ganz auf mich – immer.

Ihre

Ariadna

3 M. Z. prophezeite Ariadna Berg einen Sohn und tat, als sei er schon auf der Welt. A. Berg heiratete nicht zum zweitenmal und bekam auch kein Kind mehr.

4 Dreibändige Geschichte der französischen Revolution von Louis Thiers. Lew Emiljewitsch Wolters wollte sie kaufen.

Brief 57

1 In einem langen Brief vom 11. 4. 1938 berichtete Ariadna Berg M. Z., ihr Freund Lucien de Neck sei nach seiner Krankheit „noch so schwach, daß er weder lesen, noch schreiben, noch Gäste empfangen" könne, und sie klagte über die Kompliziertheit ihrer Beziehung und darüber, daß sie sich nur selten sehen würden. Am Ende des Briefes findet sich eine Bemerkung wohl über die Geschenke, die sie von M. Z. bei ihrem letzten Treffen in Paris bekommen hatte: „Das Elfenbein trage ich die ganze Zeit bei mir. Die Bücher sind schon ein Teil meiner Atmosphäre; die Picta wartet auf ein geprägtes Evangelium".

2 Vor „ausgesprochen werden“ steht das durchgestrichene Wort „raten“.
3 Aus einem Gedicht Anna Achmatowas von 1912 „Ich bete um die Arme, die Verlorene“:

> In diesem Leben sah ich einiges,
> Ich wartete und sang mein Lied,
> Den Bruder haßt' ich nicht, das weiß ich, auch,
> Daß ich die Schwester nicht verriet.

Brief 58

1 *Iswolskaja,* Jelena Alexandrowna (Helene Iswolsky, 1897-1974) – Autorin zahlreicher Arbeiten über religiöse Themen, Übersetzerin. M. Z. hielt sie zu Beginn der dreißiger Jahre „für den einzigen Menschen, den ich hier wirklich liebgewonnen habe, der mich in Frankreich wirklich liebgewonnen hat.“ (BT, S. 96). Je. Iswolskaja schrieb ein kleines Buch mit Erinnerungen an M. Z. (*Opyty,* 3, 1954, S. 152-159).

Brief 59

1 Auf diese Frage antwortete Ariadna Berg am 27. Mai:

> Liebe Marina,
>
> Ich schrieb Ihnen nicht deshalb nicht, weil es mir wegen des Thiers peinlich war, wann ich komme und ihn bei Ihnen abhole, sondern wegen tausend kleiner Dinge, die meine Tage in Fetzen gerissen und nicht zugelassen haben, daß ich mich in Ruhe an den Schreibtisch setzte. Und abends Müdigkeit, Leere. Und schreckliche Schwermut, Ungewißheit [...]
> ... Ich habe vor, am 1. Juni in Paris zu sein, es werden uns kaum zwei Tage bleiben, doch ein ganzer – unbedingt, überlegen Sie, wohin wir hinaus ins Freie gehen. Dann sprechen wir uns aus. Ich freue mich und warte.

Brief 60

1 *pneu* – Rohrpostbrief
2 Nach Chartres kam M. Z. später, im Sommer 1938; am 5. August schrieb sie an A. Tesková eine Ansichtskarte aus Chartres, die der Herausgeber der Briefe aus irgendeinem Grund nicht zu veröffentlichen wagte. (BT, S. 159).

3 Von *„Ich bitte nur..."* bis *„ist verschwunden"* mit blauem Stift unterstrichen.
Ich habe Bd Exelmans in Erinnerung: kurz zuvor hatte M. Z. an die Adresse der Eltern geschrieben: 91, rue Erlanger, doch aus irgendeinem Grund erinnerte sie sich an den Boulevard in der Nähe dieser Straße.
Das Treffen kam dieses Mal nicht zustande. A. Berg war in Paris mit ihren kranken Kindern auf der Durchreise in ein russisches Sanatorium im Südwesten Frankreichs (Salis-de-Béarn).

Brief 61

(Der Brief ist mit grüner Tinte geschrieben).

1 Die abschließende Strophe des zweiten Teils des Gedichts „André Chenier", geschrieben am 4. August 1918.

2 M. Z. reiste genau ein Jahr später in die UdSSR, doch vom Augenblick der Übersiedlung nach Paris an wartete sie jeden Tag auf die Abreise. Die sowjetischen Beamten hielten es aus irgendeinem Grund für notwendig, M. Z. unter dem Druck der nahen, doch sich immer wieder hinausziehenden Abreise zu halten.

3 Von *„ich verberge nicht..."* bis *„hundert Francs":* mit Rotstift auf dem linken Rand angestrichen.

4 Lew Emiljewitsch, der Bruder Ariadnas, der von M. Z. die *Geschichte der französischen Revolution* von Thiers in drei Bänden gekauft hatte.

5 Zitat aus dem zweiten Teil der „Erzählung von Sonetschka": „Dann kam ein Brief, ein einziger, mit einigen wenigen Zeilen. Der Brief endete: – Ich hoffe fest, daß wir uns noch einmal begegnen. Mit diesem Glauben werde ich leben. Dann begann das Schweigen". (Vgl. Marina Zwetajewa, Unveröff., YMCA-Press, Paris 1975, S. 341).

Brief 62

(Der Brief ist mit grüner Tinte geschrieben. Das Postskriptum über Mur mit schwarzem Bleistift).

1 Die Wohnung war zum 15. Juli gekündigt, doch M. Z. zog nicht sofort ins Hotel um, sondern fuhr mit Mur für zwei Monate an die Nordsee.

2 Unter den zurückgegebenen Briefen ist ein Gedicht Ariadna Bergs erhalten geblieben, jedoch nicht das, das M. Z. hier bespricht.

3 *Tu n'es plus actuel* – Du bist nicht mehr aktuell.
4 *Tu n'es plus...* – Du gehörst nicht mehr zum Heute, bist Erinnerung geworden.
5 „Die Briefe des Prinzen Charmant
In Khakiuniform, im Krieg..."
6 *Je vivais...* – Ich lebte in einem (schönen) Schloß, doch sterbe in einer Festung.
7 *fier* – stolz.
forteresse fière – stolze Festung.
gai – fröhlich.
grand – groß.
clair – hell.
8 *Prose quotidienne* – alltägliche Prosa.
lutte quotidienne – alltäglicher Kampf.
crève – Krankheit, Herzeleid, Tod.
ça les fait exploser – das läßt sie explodieren.
mort – Tod.
lutte, guerre – Kampf, Krieg.
9 Vgl. Anmerkung zu Brief 49.
10 Mur zeigte sich nicht besonders anstellig, als er glaubte, daß die rue Erlanger (in der viele Russen wohnten) an der Kreuzung mit dem Boulevard Exelmans endet.

Brief 63
1 Nachdem er ein zweites Mal in die rue Erlanger gegangen war, zu der „erfundenen" Hausnummer, klopfte Mur an das schon seit 30 Jahren verfallene Haus.
faut pas frapper... – „Klopfen nicht nötig, niemand kommt, niemand seit 30 Jahren." M. Z. ahmt die syntaktisch unzulängliche Sprache des Schwarzen nach.
2 Dies beweist, wie wenig Sinn für Adressen M. Z. besaß.
3 „grummelnd und knurrend".
4 *j'en ai vu d'autres* – ich habe anderes gesehen.
je n'en ai pas vu d'autres – ich habe nichts anderes gesehen.

Brief 64
1 Am 10. August schrieb A. Berg an M. Z. aus Salis-de-Béarn, wo sie sich mit ihren kranken Kindern aufhielt:

„Liebe Marina,

Ich bin bis jetzt nicht zum Schreiben gekommen: neue Orte und Menschen, und merkwürdigerweise habe ich mich lange eingewöhnen müssen. Die Kinder haben mir die ganze Zeit Sorgen gemacht, Wera hat abgenommen, Ljulja hustet auch jetzt noch. Ich bin aus dem Park nicht herausgekommen, wegen des Grüns und der mit Wald und Weinstöcken bewachsenen Hügel, ich habe die strengen schneebedeckten Gipfel der Pyrenäen gesehen..."

2 Das Poem, das im Januar 1924 entstand und erstmals in der Zeitschrift *Wersty* (Werstpfähle) Nr. 1, Paris 1926, erschien, ist an Konstantin Boleslawowitsch Rodsewitsch (1895-1988), mit dem M. Z. 1923 ein kurzes, aber stürmisches Verhältnis hatte.
In ihrem Antwortbrief vom 13. August, schreibt A. Berg:

„Ich habe es nicht gelesen – Ihr Poem – ich habe es verschlungen. Ich finde nichts, was ich Ihnen darüber sagen könnte, wie man auch nichts sagen kann über das, was tiefer als alles andere in der Seele heranwächst – ‚man sieht es nicht im einzelnen'. Doch Sie verstehen, warum es mir so nahe ist – schon vor langer Zeit, noch *bevor* ich es heute gelesen habe, warum es so sehr *meines* ist, wenn Sie meine kurzen ungelenken – vielleicht prophetischen – Verse lesen. Und das, was auf Ihrem Berg *war*, stirbt vielleicht auf meinem, wenn es überhaupt dort ist..."

3 Fast alle Zitate stammen aus dem Poem, wo fünf Vierzeiler mit den Worten beginnen: „Dieser Berg war..." Petřin ist ein Hügel in Prag (M. Z. nennt ihn Smichowskij, nach dem Stadtteil Smíchov).

4 K. B. Rodsewitsch trat, nachdem er sich in Frankreich niedergelassen hatte, in die Kommunistische Partei ein und kämpfte von 1936 bis 1938 in den Reihen der Internationalen Brigade in Spanien. Gegen Ende seines Lebens bezeichnete er sich in einem Gespräch mit uns nicht als Kommunist, sondern als Sozialist, wollte sich jedoch von vielen seiner früheren Illusionen nicht lossagen.
Rein zufällig traf M. Z. K. B. Rodsewitsch einige Tage vor ihrer Abreise in die UdSSR in Paris auf der Straße.

5 Lew Emiljewitsch Wolters, der Bruder Ariadnas (1903-1988).

6 *petits et sales* – klein und schmutzig.
Hier beruft sich M. Z. auf jene Stelle im Brief, wo Ariadna Berg von ihrer kleinen sechsjährigen Tochter Jelena (Ljulja) erzählt, sie habe das Leben im Pensionat nicht vertragen:

„Doch ich denke fortwährend an Sie. Hauptsächlich in Verbindung mit Ljulja. Wenn ich ihre Reaktion hier sah, habe ich oft gedacht – Sie hätten sie liebgewonnen. Alles hat ihr nicht gefallen. Besonders das Herdenleben nach der Glocke und die Einheitlichkeit der rosafarbenen Schürzen. ‚Je ne veux passer toutes mes journées avec ces pièces. Ils sont bêtes et sales...'"

7 Die Rede ist von dem Ehepaar Stepurschinskij, die in demselben Pensionat in Salis-de-Béarn wohnten. Marija Sergejewna Stepurschinskaja, geb. Bulgakowa, war in erster Ehe mit dem Helden des „Poems vom Berg", K. B. Rodsewitsch, verheiratet.
A. Berg schrieb an M. Z.: „Hier sind zur Zeit Ihre Bekannten, die Stepurschinskijs. Sie haben von Ihnen gesprochen. Sie liebt Gedichte – und er liebt sie. Doch meiner Ansicht nach ist das (bis jetzt) der einzige sympathische Zug an ihnen. Mit ihnen ist es irgendwie seltsam: was denken sie [frei] aus sich heraus?"

8 Die Tochter M. S. Bulgakowas und K. B. Rodsewitschs, geb. 1932, Malerin.

9 Sergej Bulgakow (1871-1944) ein berühmter Gelehrter und Theologe.

10 Die Frau S. Bulgakows, Jelena Iwanowna, geb. Tokmakowa (1873-1945), Autorin eines historischen Romans über die Zarentochter Sofija, Paris 1930.

11 *le couve* – beschützt ihn.

12 A. Berg beklagte sich im selben Brief vom 10. August darüber: „Lucien schweigt, und niemand schreibt mir etwas über ihn. Anfangs war es mir gleichgültig. Jetzt kommt die Schwermut. Ich schreibe ihm – ich kann nicht anders [...] Es sind schwere Jahre, und ich erinnere mich an alle Abschnitte der Vergangenheit – an Butjas Leidensweg. Nur das eine ist einfach und groß, Marina – der Tod. Und nur das eine ist erwünscht.

Erkennt ihr mich nicht?
Erkennt – und ihr wißt."

Charakteristisch für diesen Schluß ist die stilistische Nachahmung M. Zwetajewas.

13 Von Dives, wo M. Z. und Mur sich erholten, nach Lizieux, wo die hl. Theresia lebte und starb, sind es nicht mehr als 30 Kilometer.

Der Zusatz zeigt, wie sehr M. Z. jeden Tag auf die Abreise gewartet hat. Doch sie mußte noch ganze neun Monate warten.

Brief 65

(Mit grüner Tinte auf zwei Karten geschrieben: die erste zeigt den Seitenaltar Christi des Erlösers in der Kirche von Dives, die zweite das Baden in den Wellen. Dives-sur-Mer ist ein Städtchen im Departement Calvados, an der Mündung der Dives mit vielen historischen Kirchen und Gebäuden).

1 Die Schlußzeile des Gedichts „In der Dämmerung ist das Blut am langsamsten..." (*Remeslo* [Handwerk], 1922, Ged. u. P. II., S. 158). M. Z. irrt, wenn sie dieses Gedicht mit 1918 datiert; das Thema Fürst Igors hat M. Z. erst von 1920 an bearbeitet, und es gehört auf jeden Fall in den Kreis der „weißen Werke".

2 M. Z. zählt es in ihrer Autobiographie zu ihren Lieblingswerken.

3 Wilhelm der Eroberer brach 1066 von der Stadt Dives aus auf, um England zu erobern.

4 *C'est le froid...* – die Kälte hat mich umgebracht.

5 Auf diesen Schmerz beim Gedanken an die Abreise beruft sich Ariadna Berg in ihrem Brief vom 22. August:

„Marina, was wäre aber, wenn Sie *nicht* führen? Ich fühle die Nutzlosigkeit Ihres Opfers so tief. Doch natürlich fühlen Sie es noch tiefer und fühlen auch, daß es verhängnisvoll ist und vielleicht, daß es noch ein größeres Opfer sein würde, es *nicht* zu bringen. Christus sei mit Ihnen, meine Liebe, Ihr Weg ist ein russischer Weg, ein blind-schöpferischer Weg, den viele, aus denen Rußland hervorwächst, gehen, ohne es zu wissen, und den ich – wenn ich nur könnte! – mit Ihnen zusammen gehen würde..."

Brief 66

1 Nachdem sie ihre Wohnung in Issy, die zum 15. Juli gekündigt war, verlassen hatte, lebte M. Z. bis zu ihrer Abreise am 15. August an die Nordsee einen ganzen Monat lang im Hotel (es ist unklar, wo, ob bereits in Paris oder in der Nähe ihrer Wohnung).

2 M. Z. schrieb den Gedichtband über den weißen Feldzug *Lebedinyj stan* (Feldlager der Schwäne) teilweise ab und

versah ihn mit Anmerkungen. Das Manuskript, das bei E. Mahler in Verwahrung blieb, ist unterzeichnet mit: Dives-sur-Mer, 30. August 1938.

3 Mit M. N. Lebedewa (1881-1958) und ihrem Mann, einem Dichter und einem der Redakteure der Zeitschrift *Wolja Rossii* (Freiheit Rußlands), Wjatscheslaw Lebedew (1889-1956), befreundete sich M. Z. noch in ihrer Prager Zeit. Margarita Nikolajewna war in ihrer Jugend „Norodowolzin", sie reiste um 1908 ins Ausland und kehrte nicht mehr nach Rußland zurück. Der Kommentator der Briefe Zwetajewas an A. Tesková, W. Morkowin, schreibt, daß Margarita Nikolajewna, „die ein sehr guter Mensch war, vielen, darunter auch Marina Zwetajewa, half" (BT, S. 193). Mit M. N. Lebedewa und ihrer Tochter verbrachte M. Z. 1928 die Ferien am Atlantik. 1940 brach M. N. Lebedewa unter großen Schwierigkeiten zu ihrem Mann nach Amerika auf.

4 Die Rede ist hier von *Perekop* (Der Graben).

5 *chambres meublées* – möblierte Zimmer.

6 *à défaut*... – in Ermangelung des meinigen.

7 M. Z. klagte oft darüber, daß Mur zu denen gehörte, die „Zeitungen tonnenweise verschlingen". Dabei verbrachte er seine Freizeit zwischen Kinderheftchen und der Kommunistischen Zeitung, was M. Z. entschieden ablehnte.

8 M. Z. schreibt dieses Gedicht irrtümlich der Achmatowa zu. Seine Herkunft konnte jedoch nicht ermittelt werden.

Brief 67

1 Im Original dt. [B. E.].

2 (richtig *l'*Auxerrois); Mur hat hier tatsächlich geflunkert: diese alte Kirche steht am rechten Ufer der Seine hinter dem Louvre. Aus dem Fenster des Hotels hat man einen Blick auf die moderne Kirche St. Jean Baptiste de la Salle.

3 Zweifellos *Perekop*, möglicherweise *Lebedinyj stan* und *Powest o Sonetschke* oder das unvollendete Poem über die Zarenfamilie.

4 Pariser Zoo.

Brief 68

1 Eve Curie – Journalistin, Schriftstellerin, Autorin eines Buches über ihre Mutter, die berühmte Physikerin Marie Curie, die gemeinsam mit ihrem Mann das Radium und das Polonium entdeckte.

2 M. Z. schreibt den Familiennamen falsch, richtig ist Feuchtwanger, 1884-1958), deutscher Schriftsteller, der seit den dreißiger Jahren in Frankreich lebte. *Jud Süß* entstand 1922 und wurde 1925 veröffentlicht. 1937, nach einem Besuch der UdSSR, entstand sein prosowjetisches Buch „Moskau 1937".

3 Weltbekannter Roman der amerikanischen Schriftstellerin Hariett Elisabeth Beecher-Stowe, der erstmals 1851 veröffentlicht wurde und zum Teil den Ausgang des Sezessionskriegs in den USA mitbestimmte.

4 In diesen Tagen von Allerheiligen (Toussaint) nach dem russischen Kalender ist es im Westen, zum Teil auch in Frankreich üblich, die Gräber der Anhörigen zu besuchen. Im ZGALI befindet sich im Je. Ja. Efron-Fond eine Fotografie der Gräber der Schwiegereltern Zwetajewas, Ja. K. Efrons und Je. P. Efron-Durnowos, sowie des Bruders ihres Mannes, Konstantins, die von M. Z. am 2. November 1938 auf dem Friedhof von Montparnasse aufgenommen wurden (davon zeugen ihre Aufschriften auf der Rückseite der Photos). (Nach Je. I. Ljubjannikowa).

5 Im Original dt. [B. E.]. In ihrem Brief vom 26. November schrieb A. Berg an M. Z.: „Am 10. November ist es ein Jahr her, seit Butja gestorben ist. Der Kummer ist nicht abgestumpft, er hat sich vertieft, ist bewußt geworden, – hat sich eingenistet..."

Brief 69

1 In ihrem Brief vom 25. November beklagt sich Ariadna Berg bitter über ihren miserablen moralischen Zustand: „... Bewahre Gott, Marina, diese grauenhafte Erkrankung allen Willens, aller *Motoren* zu erkennen. Ich schleppe mich dahin, eingehüllt in hoffnungslosen Kummer. Ich habe den Glauben an mich verloren. Von nirgendwo her eine Stütze. Und das Schlimmste ist, man kann sich auch auf mich nicht mehr stützen. Ich reagiere gewohnheitsgemäß, nach alter Disziplin, äußerlich – damit niemand etwas sieht, etwas erfährt. Doch wie mich das ermüdet... Wären Sie hier, würde ich mich vielleicht erholen."

2 Im Original dt. [B. E.].

3 Im Herbst 1904 waren die Schwestern Zwetajew im „dämmrigen" Pensionat der Schwestern Brink in Freiburg untergebracht, wo in der Nähe auch ihre Mutter lebte, die wegen Tuberkulose behandelt wurde.

4 Im Original dt. [B. E.].

5 *jeunes filles* – Mädchen.
jeunes femmes – junge Frauen.

6 Theater- und Filmschauspielerin rumänischer Abstammung (geb. 1900), die sich ungeheurer Popularität erfreute.

7 *j'avais beau oublier...* – Selbst wenn ich vergäße, wer ich war, was ich war, der andere vergäße es nie.

8 Beim Münchner Abkommen (29. und 30. September 1938) erklärten sich England und Frankreich in der Hoffnung, einen Krieg vermeiden zu können, mit der Besetzung der von Deutschen bewohnten ostwestlichen Gebiete der Tschechei (Sudeten) durch Nazi-Deutschland einverstanden. Vier Gedichte unter dem gemeinsamen Titel „September", die sich auf diese Ereignisse berufen, enstanden im November.

9 Diese Idee, in den Zyklus über die Tschechei das Bild des Berges und des ersten Radiums einzuschließen, wurde nicht verwirklicht, fand jedoch im vorletzten Gedicht der „Gedichte an die Tschechei" Ausdruck:

> ... Das Radium aus seinem Innern
> Gewann und hergab: da! –
> Dies Volk hat in Europas Mitte
> Lebendig man verscharrt!

Der Entdeckung des Radiums maß M. Z. laut W. Morkowin eine große Bedeutung zu, da sie es für segensreich für die Menschheit hielt. Am 24. November schrieb M. Z. an A. Tesková:
„Jetzt, liebe Anna Antonowna, eine große Bitte: 1. Schreiben Sie mir, wo genau bei Ihnen das Radium gewonnen wird? M. L. [Mark Lwowitsch Slonim] nannte Jochimov – doch ist das wirklich eine Stadt? Er nannte auch die Ausläufer des Riesengebirges, doch vielleicht gibt es in diesen Ausläufern irgendeinen speziellen, einen *Orts*namen?... Wo genau, in *welchem Berg* wird Radium gewonnen?" (BT, S. 168).

10 „Und wenn nur einer bleibt – der werde ich sein". Schlußzeile eines Gedichts von Viktor Hugo „Ultima verba", entstanden in der Verbannung auf der Insel Jersey am 2. Dezember 1852.

11 General Faucher. „Gestern, als ich auf der Straße von General Faucher las, kamen mir die Tränen: endlich!" (BT, S. 160).

12 Irina Joliot-Curie (1897-1956), Tochter der berühmten polnisch-französischen Gelehrten Marie Curie-Skladowska und Frau des Gelehrten Frederic Joliot (1900-1958). Beide wurden Mitglieder der französischen kommunistischen Partei.

13 Im Original dt. [B. E.].
– Zweizeiler des deutschen Dichters französischer Abstammung Adalbert von Chamisso (1781-1838). Denselben Zweizeiler zitierte M. Z. im Brief an A. Tesková vom 21. November 1934 in jenen für sie sehr schweren Tagen, als sie bereits schrieb: Ich möchte überhaupt nicht-sein.“ (BT, S. 115).

14 Diesen Vierzeiler aus seinem Gedicht „Hohe Krankheit“ (1923) zitiert B. Pasternak in seinem Brief vom 25. März 1926 an M. Z. in einer anderen Fassung:

Ich wollte immer sein wie alle,
Doch stärker als mein Jammern
Die Welt in ihrer Schönheit ist –
Sie wollte sein wie ich.

und fügt hinzu: „Dies ist aus der ‚Hohen Krankheit‘, die ich bis auf diesen Vierzeiler nicht mehr ertragen kann.“
In ihrem Antwortbrief an B. Pasternak vom 22. Mai 1926 führt M. Z. dieses Gedicht an, jedoch in ihrer Fassung:
„... dieses Gedicht habe ich mir so nach den Worten L. M. Ehrenburgs noch im Frühjahr 1925 gemerkt. Und es ist mir so näher. Das Jahrhundert ist ja eine Reparatur für die Welt“. (Vgl. *Der Briefwechsel Boris Pasternaks*, Moskau 1990, S. 317-342).

15 Zusatz in Zwetajewas Handschrift mit dickem Bleistift. Der Umschlag mit derselben Aufschrift „meiner – an Ariadna (nicht abgeschickt)“. Wahrscheinlich wurde der Brief Ariadna Berg beim Wiedersehen (im Dezember?) ausgehändigt. Am 20. Januar 1939 schrieb A. Berg: „... Ihr langer Brief an mich wie ‚an mich selbst‘ hat mich die ganze Zeit begleitet, wie Sie selbst. Ich wünschte so sehr, hoffte so sehr, zu Ihnen fahren zu können – nur zu Ihnen, ohne jemanden wissen zu lassen, daß ich in Paris bin. Sie wissen, Marina, daß unsere Begegnungen, die so erfüllt, so bedeutungsvoll, so notwendig sind, zu den seltenen Ereignissen gehören, für die ich leben muß. Ohne sie wäre mein Leben etwas Unausgefülltes, Unvollendetes, Lahmes. Erin-

nern Sie sich, bei uns gab es ja keine ‚préliminaires'. Als wir uns zum ersten Mal begegneten, waren wir uns bereits vertraut..."

Brief 70

1 Als Antwort auf diese Frage schrieb Ariadna Berg in ihrem Brief vom 20. Januar: „Ich möchte es, – aber ich kann mein Schweigen nicht erklären, obwohl es viele physische Erklärungen gibt: fieberhaftes Arbeiten – 8 Stunden täglich an der Maschine, die fertige Übersetzung des Buches von Malewskij zuende abschreiben..."

2 Als Antwort darauf schrieb Ariadna Berg: „... Ich empfinde Freude und Wärme von Ihnen über Sie und mich zu hören: ‚wir', und ich fühle, daß dieses Wir in allem Wichtigen, Inneren enthalten ist." Im selben Brief lud A. Berg M. Z. nach Brüssel ein: „Wenn ich Ihnen hier eine Lesung organisieren könnte, würden Sie kommen oder nicht? Schreiben Sie – ich werde mich bemühen. Sie müßten den ‚Recken' auf französisch lesen."

3 Mantes-la-Jolie: Städtchen 50 km von Paris entfernt, mit einer Kathedrale, die in derselben Zeit wie die Pariser Notre-Dame gebaut wurde.

4 Versailles, und mehr seinen Parks als dem Schloß selbst galt Zwetajewas besondere Liebe. Im Frühjahr 1928 ging sie mit N. Gronskij von Meudon aus „zu Fuß nach Versailles, 15 km, eine Seligkeit". (BT, S. 64). Nach den erhalten geblieben Photos zu urteilen, fuhr M. Z. immerhin noch vor ihrer Abreise mit Mur und einer nicht identifizierbaren Person (Irina Lebedewa?) nach Versailles.

5 „Die Frau des Fleischers": einer der bemerkenswertesten Filme von Marcel Paniol (1895-1974) nach Episoden des Romans von Jean Giono (1895-1970) mit dem bekannten Schauspieler Raimu (1883-1946) in der Hauptrolle des von seiner Frau betrogenen Fleischers. Der Film kam 1938 auf die Leinwand.

6 *avec le même...* – mit derselben Entfremdung.

7 Englische Schriftstellerin (1903-1990). Ihr erster Roman *Dusty Answer* erschien 1927, ins Französische wurde er jedoch erst 1938 übersetzt, Verlag Feux Croises, Serie ausländischer Literatur, beim Verlag Plon. M. Z. riet auch Anna Tesková, Rosemond Lehmann zu lesen: „es gibt in *Poussiere* (und auch in *Intemperies*) etwas von jenem Ich, je-

nen Tagen. Diese beiden Bücher (und wahrscheinlich alles von ihr) scheinen ohne Worte geschrieben: als seien sie nicht geschrieben, sondern hingeträumt [...] etwas aus Regenbogen – und Spinnenweben – und Fontainen (und am wenigsten aus Staub) und schließlich bleibt in der Hand ein Häufchen Asche..." (BT, S. 180).

Brief 71

1 Diese beiden Briefe hat A. Berg nicht aufbewahrt.

2 Am 14. März marschierten deutsche Truppen in die Tschechei ein und nahmen am 15. März Prag ein. Die Besetzung der Tschechei rief eine neue Flut von aus Empörung enstandener Inspiration hervor: der zweite Teil der *Stichi k Tschechii* (Gedichte an die Tschechei), überschrieben mit „März", besteht aus sieben Gedichten.

3 *Dort wo die Eberesche* [...]: Ein ungenaues Selbstzitat aus dem ersten Gedicht des Zyklus „Bäume", „Nach oben, wo die Eberesche".

ich werde Ihnen meinen Ritter zeigen: auf einem der Pfeiler der Karlsbrücke ragt das Standbild des sogenannten Prager Ritters – Brukuviks – auf, das im 15. Jahrhundert errichtet, im 17. Jahrhundert zerstört und 1889 wiederaufgebaut wurde. „Der Prager Ritter", erinnert sich N. Jelenew, „gefiel Marina am allermeisten" (*Grani,* 43). Im Herbst 1923 widmete M. Z. dem „Prager Ritter" ein Gedicht.

Im Brief an A. Tesková vom 24. Oktober schrieb M. Z.: „Sie haben mir einst – ebenfalls vor zehn Jahren! – schon den Ritter geschickt (einen großen, in voller Größe), doch hat ihn damals auch der verstorbene N. P. Gronskij von mir erbeten, und ich suche schon lange – und beharrlich – seine Spuren... Ich hätte ihn gern mit *sehr klarem* Gesicht, daß seine Züge zu sehen sind und daß er selbst groß ist: etwas kleiner als der Hintergrund und etwas größer als er: eine große Figur. Wenn das denkbar ist. – Ich wäre sehr, sehr glücklich: sehnlichster Traum, hier – unerfüllbar. Und – bald!"

Im Brief vom 10. November fügte M. Z. hinzu:

„Wegen des Ritters machen Sie sich keine Sorgen: schikken Sie mir, wenn es das gibt, eine einfache Ansichtskarte, auf der er so groß und schön wie möglich ist, damit man ihn vergrößern kann, das kann ich machen lassen, dann werde ich einen *großen* Ritter haben. Nur nicht etwas

Nebliges (Gemaltes), sondern eine einfache Photographie, nach Möglichkeit face. (BT, S. 165).

4 „Marina berührte", – erinnert sich N. Jelenew, „das Wappen Václávs IV, das einen Eisvogel im Kranz darstellt – Symbol weiblicher Treue, Symbol des guten Genius, das Unglück und Not abwendet – es erschien ihr von innigster Bedeutung für sie selbst." (*Grani,* 43).

5 Anna Tesková. „Sie sind ein Mensch, der alle meine Bitten erfüllt, und Sie haben alle meine (schweigenden) Bedürfnisse nach Treue und Erinnerung übertroffen. So wie Sie hat mich niemand geliebt." (BT, S. 189).

Brief 72

(Postkarte, grüne Tinte).

1 „mit der Bitte um Übersendung". Die Ansichtskarte ist anscheinend verschwunden.

2 Verschlüsselte Mitteilung über die baldige Abreise in die UdSSR.

3 Die französischen Gedichte Ariadna Bergs, die im Sommer 1938 nach ihrem Besuch in Lourdes entstanden. A. Berg schreibt darüber an M. Z.: „daß sie die letzten sind, daß ich nicht mehr schreiben werde."

Brief 73

1 Mit roter Tinte auf die vierte Seite des an Ariadna Berg zurückgeschickten Briefs vom 5. Juni geschrieben. Die Ergänzungen stehen zwischen den letzten Zeilen und der Unterschrift. Die letzte Ergänzung findet sich auf der ersten Seite des Briefes.

In ihrem Brief schrieb A. Berg:

Liebe Marina,

Noch einmal – auf Wiedersehen.

Schreiben Sie, wenn Sie es schaffen, noch vor der Abreise, – ich möchte noch einmal *von Ihnen* hören.

Ljoscha hat die Bücher gekauft, ist begeistert.

Ich fahre heute um zwei Uhr. Ankommen, in die Badewanne und anziehen: „wie Tschazkij, vom Schiff auf den Ball!" Und schon jetzt, par anticipation, klopft mir das Herz nach dem Sechzehnjährigen. Lachen Sie nicht. In all dem fühle ich mich selbst jung und – seltsam –, als wäre das Leben nicht gelebt, sondern begänne von vorn... Abergläubisch fürchte ich mich vor etwas, glaube an Vorzeichen, warte heimlich, ohne das Schicksal zu zwingen, alle Initiativen ihm überlassend, und erlaube mir nur, ihn mit unmerklichen Bewegungen zu veranlassen, an mich zu denken: ein fallengelassenes Wort, besonders *meine* Behaglichkeit im Arbeitszimmer, wenn er zu mir kommt, (ein zurückgelassenes großes Tuch, mit Fransen am Rücken seines Sessels, – es riecht nach meinem Parfüm). Vielleicht ist es lächerlich, aber, Marina, dies ist meine größte „Hinterlist" – in meinem ganzen Leben. Und ich weiß, daß ich, ähnlich Ihrer Schwester Asja, auch nicht den Schatten eines Mißverständnisses ertrage, das plötzlich in Minuten des Schweigens entstehen kann, und ich kann es augenblicklich mit einem nicht zurechtgelegten, jedoch innerlich unaufhaltsamen Wort niederschmettern.

Ich schreibe Ihnen absichtlich so, Marina, als würden wir uns in der nächsten Woche noch einmal treffen. Ich ignoriere unsere Trennung. Es gibt sie nicht. Uns kann man nicht trennen. Da Sie nichts mitnehmen können, schicken Sie mir diesen Brief zurück. Wenn Sie es selbst sagen, werde ich Ihnen, in neuer Orthographie, eine Ansichtskarte über die wichtigsten Fakten unseres Lebens schreiben.

Und wenn Sie einsam sind, denken Sie an mich, – meine Gedanken sind bei Ihnen, wie es seither war, wie ich Sie kenne, und Entfernung spielt hier keine Rolle.

Küssen Sie Mur, möge Gott ihm Glück und Erfolg schenken. Die Adresse meiner Mutter: 91 rue Erlanger, 16è. Vielleicht bringt die Tochter der Lebedews die Ikone vorbei, der ich eine besondere Bedeutung beimesse: sie gehört Ihnen, und sie gehört ins Dorf. Und wie Sie wissen, liebe ich Rußland nicht in seinen Städten, sondern – nach meinen Erinnerungen an ein „schönes Leben" – Land und Volk, – unverändert.

Ich küsse Sie, Marina, und ich bitte Sie noch einmal – schreiben Sie noch vor Ihrer Abreise.

Ihre *Ariadna*

Brief 74

(Postkarte, grüne Tinte)

1 *Gontscharowa,* Natalja Sergejewna (1881-1962) – bekannte russische Malerin, die M. Z. 1928 kennenlernte. Sie widmete ihr den Essay „Natalja Gontscharowa" (1929).

2 Die Bestätigung, daß sich unter den Manuskripten, die für A. Berg zurückblieben, dieses Poem befand (erstmals vollständig und unbeschädigt veröffentlicht nach dem Baseler Manuskript von G. Struve 1971) (YMCA-Press, Paris, 79 S.).

3 Der angeführte Zweizeiler befindet sich nicht im Kapitel „Vorabend", sondern im abschließenden Kapitel „Ausgang".

> (Ein Brettchen in ein Bord verwandelt,
> Da freuten sie sich aber!)
> Ein leeres Bord für die Rasur,
> Das sind die Scherben
> Des Soldatenlebens.
>
> [Prosaübersetzung – B. E.]

4 An A. Tesková schrieb M. Z. am 12. Juni:
„Zum Abschied setzten Mur und ich uns nach dem alten Brauch hin und bekreuzigten uns vor dem leeren Platz der Ikone (die in gute Hände gegeben ist; sie reiste und lebte mit mir seit 1918)." (BT, S. 184).

5 *Croix Lorraine* – Lothringisches Kreuz

„Die gute Jungfrau von Lothringen
Wurde von den Engländern in Rouen verbrannt".

– Zweizeiler über Jeanne d'Arc aus dem *Großen Testament* von François Villon.
An diesem Morgen dachte M. Z. noch einmal an Jeanne d'Arc, als sie mit dem Zug an Rouen vorbeifuhr: „wo einst menschliche Dankbarkeit Jeanne d'Arc verbrannte" (BT, S. 185).

6 *ni fleurs...* – weder Blumen noch Kränze" – bei Traueranzeigen übliche Formel, eine Bitte, keine Blumen zum Begräbnis mitzubringen.

7 Am 13. Juni fuhr M. Z. mit dem Dampfer von Le Havre nach Leningrad ab, von dort aus mit dem Zug nach Moskau. Der letzte Brief vom selben Tag (12. Juni) war an A. Tesková gerichtet – in zwei Abschnitten: „im noch stehenden Zug" auf dem Pariser Bahnhof Saint-Lazare und auf der Fahrt nach Rouen: „Jetzt ist es nicht mehr schwer – nun ist es bereits Schicksal". (BT, S. 185).

Brief 75

1 Einem der Briefe lag eine Photographie von 1916 mit einer Widmung für A. Berg bei.

2 Den Gedichten ihrer kleinen Tochter räumte M. Z. einen ganzen Abschnitt in ihrer Sammlung *Psicheja* (Psyche) ein, doch dieser Dreizeiler findet sich dort nicht.

3 Die letzte Strophe des Gedichts „Dies ist die Asche des Schatzes“ vom 27. September 1923 (es ging in die Sammlung *Posle Rossii* [Nach Rußland] ein).

NM	Nowyj mir 1969, 4.
BT	Briefe an Anna Tesková (Marina Zwetajewa, *Pisma k A. Teskowoj.* Vorwort von Zdĕnek Matthauser und Wadim Morkowin. Hrg. und Anmerkungen von W. Morkowin. Prag 1969, 215 S.).
UB	Unveröffentlichte Briefe (Marina Zwetajewa, *Neisdannyje pisma* k L. Ellisu, W. Rosanowu, A. Achmatowoj, O. Tschernowoj, B. Sosinskemu, L. Pasternaku, B. Pasternaku, W. Buninoj. Hrg. G. und N. Struve. Paris 1972, 640 S.).
Werke 80, I/II	Marina Zwetajewa, *Sotschinenija w dwuch tomach.* Moskau, 1980.
Werke 88, I/II	Marina Zwetajewa, *Sotschinenija w dwuch tomach.* Moskau 1988.
Ged. u. P. I-IV	Marina Zwetajewa, *Stichotworenija i poemy* w pjati tomach. Hrg. A. Sumerkin. New York 1980-83.

In den Kommentaren werden Auszüge aus Antwortbriefen A. Bergs an M. Zwetajewa verwendet. Insgesamt sind 12 Briefe erhalten geblieben, beginnend vom April 1938 (der letzte Brief wurde am 5. Juni 1939 abgeschickt).

Ich spreche W. K. Losskaja, J. N. Ljubjannikowa, M. N. Struve, Trusewitsch und N. A. Schmeman meinen Dank aus für die Beteiligung an dieser Arbeit bzw. für die Mitteilung wichtiger Fakten.

Inhalt